Jeannie Ebner · Der Königstiger

Jeannie Ebner

Der Königstiger

St. Benno-Verlag GmbH Leipzig

Lizenzausgabe mit freundlicher Genehmigung
des Verlages Styria, Graz – Wien – Köln

Nur zum Vertrieb und Versand
in der Deutschen Demokratischen Republik und in den
sozialistischen Ländern bestimmt

ISBN 3–7462–0149–7

2. Auflage 1987
Lizenznummer 480/83/87
LSV 6520
Lektor: Michael Zorr
Printed in the German Democratic Republic
Gesamtherstellung: VOB Buch- und Offsetdruck, Leipzig
Einbandgestaltung: Tamara Ebert, Leipzig
00[redacted]

Der kleine Knabe mit den großen, hellen Augen stand wieder unter der gaffenden Menge vor dem Käfig des Königstigers.

Der Wärter erkannte ihn sofort. Zwar eignete seiner dürftigen Gestalt die instinktive Fähigkeit, nicht aufzufallen, in Menschenansammlungen unterzutauchen, mit Hauswänden, an denen er sich vorbeidrückte, zu verschmelzen und als Schatten unter Schatten dahinzugleiten, wenn er gegen Abend durch die Alleen heimwärts lief. Jeder, der ihm nicht in die Augen sah, mochte ohne weiteres den ganzen Jungen übersehen. Aber der Wärter hatte zufällig in seine Augen geblickt, und die vergaß man nicht mehr. Obwohl gerade die Augen dem Wärter aufgefallen waren, mußte er nun feststellen, daß er ihre Farbe falsch in der Erinnerung behalten hatte; vielleicht weil der Junge bisher immer im Schatten geblieben war, während er heute, an diesem goldhellen, strahlenden Frühlingstag, so stand, daß ihm die Sonne ins Gesicht schien. Seine Augen waren nicht dunkel, wie der Wärter geglaubt hatte, sondern gelb. Nur die Pupille war außergewöhnlich groß, ein schwarzer Glanzpunkt im randlosen Kreis der Iris.

Viele der Tiere, mit denen der Wärter den größten Teil des Jahres mehr zu tun hatte als mit den Menschen – der Zoo wurde nur in der schönen Jahreszeit von Besuchern überschwemmt –, hatten gelbe oder grüngelbe Augen, besonders die Vögel und Raubkatzen. Bei Menschen war diese Farbe eine Seltenheit und mußte auffallen oder Verdacht erregen, doch wäre es lächerlich gewesen, die kleine, schwächliche Kindergestalt mit der Tücke und Grausamkeit eines Geiers, Wolfs oder Leoparden vergleichen zu wollen. An ihm war nichts Königliches, eher schien er den Horden bloßfüßiger Bettelkinder aus einem Elendsviertel zu entstammen. Unwillkürlich mußte der Wärter denken, dieses magere Bürschchen könnte wohl zufrieden sein, würde ihm ebenso reichlich Obdach, Futter und Betreuung zuteil wie dem Königstiger, der ihn so brennend zu interessieren schien.

Schon erwog er, den Kleinen anzusprechen, ihn, falls er sich bescheiden und sympathisch erwies, in seine Dienstwohnung zwischen dem Schlangenhaus und dem Elefantenzwinger mitzunehmen und seine Mahlzeit mit ihm zu teilen. Doch der Junge stand zu sehr im Gedränge, eingekeilt in der Masse farbloslangweiliger Zoobesucher, die ihre Sonntagskleider angezogen hatten, um die erste Sonne, den Naturpark und nebenbei das wohlige Gefühl zu genießen, das von den fremdartigen, in sicherem Gewahrsam gehaltenen Geschöpfen ausging, denen sie sich mit einem gewissen plebejischen Hochmut nahten: als Herren und Damen der Schöpfung. Der Wärter liebte es nicht, das Aufsehen der Menschen zu erregen. In seinem Bereich war er der einzige Aufseher über eine Anzahl von Wesen, deren Blicke und Aufmerksamkeit ihn selber kaum, das Futter, das er ihnen brachte, jedoch nur im dumpfen Trieb des Hungers zur Kenntnis nahmen, ohne Dank, Freude oder Kritik.

Er liebte die Menschen nicht. Sie langweilten ihn, denn sie entbehrten der ausgeprägten Merkwürdigkeit, die er bei den Tieren fand, sie hatten einer wie der andere zwei Beine, sie schritten alle aufrecht, und ihre Hälse waren annähernd gleich lang, ihre Haut ähnlich in Farbe und Glätte, ihre Gewohnheiten, Vorlieben und Meinungen ziemlich zugestutzt und gleichgerichtet.

Er versuchte sich die schöne Dame in der ersten Reihe der Gaffer mit beweglichen Ohren vorzustellen, die in Büscheln endeten wie beim Luchs. Dem dicklichen Herrn neben ihr zog er in Gedanken Zebrastreifen quer über die helle Weste. Einem kleinen rosigen Mädchen wünschte er probeweise die rosa Federn des Flamingos ans Hinterteil. Doch dann tat er dieses Spiel seiner Phantasie mit einer nüchternen Handbewegung ab und verwarf seine schöpferische Laune. Sie alle würden, mit der vielartigen Pracht der Tiere geziert, höchstens lächerlich wirken. Einzig dem kleinen Jungen waren die gelbgrünen Lichter des Raubtiers schräg ins flache Gesicht geschnitten, ohne daß sein Aussehen dadurch beeinträchtigt worden wäre.

Bald darauf lichtete sich die Menge, enttäuscht, sogar etwas beleidigt, weil der Tiger regungslos in seinem Gehege lag und mit ausdruckslosem Blick durch sie hindurchschaute. Nur der Junge blieb stehen. Der Wärter ging auf ihn zu, deutete nach dem Schild auf der Käfigtür, und da der Junge vermutlich noch nicht lesen konnte, erklärte er ihm die Aufschrift:

„Das ist der Königstiger", sagte er.

Der Junge nickte scheu.

„Kennst du die anderen Tiere schon?" fragte der Wärter.

„Ich kenne alle Tiere", antwortete der Junge. „Aus meinem Bilderbuch."

„Du hast also ein Bilderbuch? Kannst du denn schon lesen?"

„Nein", sagte der Junge. „Meine Großmutter liest mir vor."

„Was steht denn über den Königstiger drin?"

Der Junge machte eine blitzschnelle Bewegung, tauchte unter der Sperrkette durch, welche die Menschen zwang, in sicherem Abstand von den Käfigen zu beiben, und glitt dicht an dem Eisengestänge entlang auf die andere Seite des Käfigs.

„Das sag' ich nicht!" schrie er höhnisch zurück, tauchte drüben gewandt wieder hervor und verschwand in einem

Haufen Zuschauer, indem er sich aalglatt und mit rücksichtsloser Frechheit seinen Weg bahnte, das empörte Gemurmel „Na, kannst du nicht achtgeben! So ein Lausbub!" mit einer äffischen Grimasse quittierte und dann mit fliegenden Fersen, krummbeinig und winzig, aber voll Energie, durch die Kastanienallee davonsauste.

Kopfschüttelnd wandte sich der Wärter ab.

Kinder, dachte er – Kinder sind seltsam. Wenn die ihren Lieblingsbissen zwischen den Pfoten haben, wollen sie keinem etwas davon abgeben und werden schon böse, wenn man ihnen bloß zusieht oder zu nahe kommt, während sie daran kauen und lutschen. Was mag in einem Bilderbuch Besonderes stehen, daß so ein Wicht es mit keinem anderen Menschen teilen will?

Dann vergaß er den Knaben bis zum nächsten Sonntag.

Doch als er ihn dann nochmals vor dem Käfig des Königstigers stehen und wohl eine Stunde lang, nur hie und da das Gewicht von einem seiner dünnen Beine auf das andere verlagernd, das träge Tier anstarren sah, wurde seine Neugier wieder wach. Die unerklärliche Widerborstigkeit des Kleinen weckte in ihm die lang vergangene Lust zur gewaltlosen Überwindung fremder Scheu und Wildheit.

Denn der Wärter war einst ein junger Dompteur gewesen und hatte in einem großen Wanderzirkus einen berühmten Dressurakt vorgeführt. Die Besonderheit seiner Darbietung bestand darin, daß er verschiedene Tiergattungen, die einander in der Freiheit spinnefeind waren und einander am liebsten aufgefressen hätten, in einer Nummer vereinigte. Außerdem war er ohne Peitsche und Stachel in die Arena getreten und hatte die Tiere einzig mit seinem Blick in Schach gehalten, höchstens noch mit seiner Stimme, indem er ununterbrochen leise zu ihnen sprach. Wie gut hatte er noch die mächtige Anspannung in Erinnerung, die dazu notwendig war, beim geringsten Beben des Felles hinter den Ohren sogleich Blick und Willen mit konzentriertem Befehl auf das aufrührerische Tier zu richten, ohne dabei die anderen auch nur eine

Sekunde lang aus dem Kraftfeld seiner Autorität und Aufmerksamkeit zu entlassen! Wie erschöpfend und dennoch das Lebensgefühl steigernd war es gewesen, zugleich Tiger und Antilope, Bär und Elefant, Kobraschlange und Geier zu sein und ein Mehrfaches noch: Zentrum, aus dem Wollen und Befehl unwiderstehlich in ihre Gliedmaßen ausstrahlte, lähmend und zwingend, herrisch und gewaltlos zugleich.

Sollte es ihm heute nicht mehr gelingen, einen verwilderten Gassenjungen gefügig zu machen?

Er wartete, bis sich um die Mittagsstunde die Schaulust der Menge auf friedlichere Sensationen richtete und sie rascher an den Käfigen vorüber dem Restaurant zustrebte. Dann trat er, den Jungen ruhig und fest in seinen Blick fassend, dabei plötzlich um ein Jahrzehnt verjüngt, die Brust unter der Dienstuniform in zirkushaftem Stolz und muskelprahlender Kraft vorgeschwellt, an den Jungen heran und sagte:

„Willst du nicht essen gehen?"

Er streckte die Hand nach ihm aus. Da geschah etwas Merkwürdiges. Der Kleine wich geduckt und in geschmeidiger Langsamkeit zwei Schritte zurück, seine Oberlippe zog sich bebend hinauf und entblößte die kleinen, spitzigen Schneidezähne, und dazu stieß er ein leises, warnendes Fauchen aus. So verharrte er angespannt, wehrhaft und aufsässig, einige Sekunden lang, den gelben Blick in die Pupillen des Wärters gebohrt. Plötzlich gab er nach. Der Körper entspannte sich. Er sah geduckt zur Seite und schüttelte stumm den Kopf.

„Willst du mit mir kommen und Kaffee und Butterbrot haben?" fragte der Wärter und achtete darauf, keinerlei Werbung durchklingen zu lassen.

Wieder ein sanftes, jedoch von heimlicher Auflehnung fipperndes Kopfschütteln.

Der Wärter zuckte die Achseln. „Dann nicht." Und wandte sich ab. Er hörte ein schleifendes Geräusch hinter seinem Rücken, drehte sich um und sah den Jungen, kleine

Staubwölkchen aufwirbelnd, mit fliegenden Fersen davonrennen. Nachdem er eine Strecke zwischen sich und den Wärter gelegt hatte, die ihm Sicherheit zu verbürgen schien, bremste er, drehte sich um und begann dem Wärter Gesichter zu schneiden. Er führte einen wilden Affentanz auf und stieß höhnische, halb gesungene Schreie aus. Als der Wärter ihm weder mit der Faust drohte, wie er es erwartet hatte, noch Miene machte, ihm nachzulaufen, verlor er die Lust an seiner Herausforderung. Die Hände in die ausgebeulten Taschen seiner bis in die Kniekehlen baumelnden Hose gebohrt, schlenderte er langsam weiter fort, wirbelte mit den bloßen Zehen Staubwölkchen auf und pfiff schrill vor sich hin. Plötzlich bückte er sich, hob einen Stein auf, schleuderte ihn mit Kraftaufwand gegen die Mauer, die den Park umgab, und sauste blitzschnell aus dem Tor davon.

Der Wärter war mit dem Beginn der Zähmung zufrieden, denn schon zwei Stunden später stand der Junge wieder vor dem Käfig. Es war auch nicht anders zu erwarten gewesen. Die Faszination, die von dem Tiger ausging, verband sich wirksam mit der Magie, die der Wärter über ihn geworfen hatte: Noch nie war es dem Kleinen passiert, daß er nicht geschlagen wurde, wenn er sich ungezogen benahm. Die Großmutter versetzte ihm eine hinter die Ohren mit der längst zur Gewohnheit gewordenen Selbstverständlichkeit, mit der man zwar wirkungslose, aber doch notwendig scheinende Verrichtungen ausführt. Sie tat es ohne Zorn. So schlägt man etwa nach einer lästigen Fliege, die sich ungerührt wieder und wieder auf den Pudding setzt. Der Vater schlug ihn meist schon im voraus, denn er erkannte in dem höhnischen, gelb glühenden Blick des Jungen den Willen zu boshaften Streichen, noch ehe diese ausgeführt waren, und nachdem sie dann trotzdem ausgeführt worden waren, schlug er nochmals, meist nur mehr lässig, nach ihm und ließ ihn entwischen oder auch nicht – das hing vom Grad seiner erzieherischen Resignation ab und auch vom Grad seiner Betrunkenheit. War er halb betrunken, so konnte es dem Jungen übel ergehen, war er jedoch nicht mehr sicher genug auf den Beinen, so machte er nur ein paar hilflose Versuche, ihn zu fassen, und gab es danach fluchend auf, mit ein paar wüsten Drohungen für später, die er meistens sofort wieder vergaß.

Für den Jungen war sowohl das vergebliche Jagdmachen wie auch das Schlagen ein Zeichen der Ohnmacht der Erwachsenen. Sie schlugen ihn, weil sie, so klein er auch war, nicht anders mit ihm fertig wurden, nicht mit seiner Wildheit und nicht mit seinem Eigensinn. Er nahm ihre Schläge nicht übermäßig ernst und nahm sie auch nicht übel. Er verachtete sie. Er verachtete seinen Vater mitleidlos, kalt und kritisch. In die Verachtung für seine Großmutter war etwas Mitleid gemischt.

Das Bilderbuch, das einzige Spielzeug, das er besaß, stammte noch aus der Großmutter Jugendzeit. Es war unbeschreiblich zerlesen und schmutzig, aber für ihn bedeutete es einen Schatz. Ab und zu erpreßte er die Großmutter, ihm daraus vorzulesen, indem er sich zuerst eine halbe Stunde lang lärmend und wild gebärdete und der Alten vor den Füßen herumkollerte, daß sie fast hinfiel, indem er sie kniff und ihr die Schürzenbänder aufzerrte, bis sie sich nicht anders zu helfen wußte und sich entschloß, ein paar der Verse herunterzuleiern, die unter den Bildern standen, nur um den kleinen Satan einige Minuten lang ruhig zu halten.

Übrigens kannte er die Verse längst auswendig, er verwendete seine Erpressermethoden einzig als Anlaß, sich vorher wie besessen gebärden zu können. Manchmal entriß er der Alten das Buch sofort wieder und blätterte allein darin weiter, wobei er die Verse laut aufsagte oder mißtönend vor sich hin sang. Schließlich warf er es in einen Winkel, gab der Alten im Vorbeilaufen noch rasch einen Stoß und verzog sich ins Freie, auf die Gasse oder in den Tiergarten.

Der Tiergarten und das Bilderbuch standen in einer seltsamen, doch unleugbaren Beziehung zueinander, nicht anders, als etwa Traum und Wirklichkeit miteinander zusammenhängen. In dem Buch befanden sich Abbildungen der Tiere des Zoos, und diese Tiere redeten, und zwar nicht, wie Menschen gewöhnlich miteinander reden, sondern in einer gehobenen, feierlichen und vornehmen Menschensprache. Sie gebrauchten Ausdrücke, die der Junge weder von der Großmutter noch vom Vater jemals zu hören bekam. So etwa sagte Herr Ochs zu seinem Sohn: „Du Lümmel, lerne feinen Ton!" Während der Vater des Jungen die frechen Bemerkungen seines Sohnes höchstens mit einem „Halt's Maul!" rügte.

Ursprünglich hatte der Junge geglaubt, die Geschöpfe des Buches seien ebenso erfunden und unwirklich wie die Worte darin, aber dann hatte er den Tiergarten entdeckt und dort diese seltsam geformten Wesen wirklich gesehen, alle, sogar den Königstiger, seinen Liebling, der im Bilderbuch zu einem kleinen, halbverhungerten, ruppigen Tigerkind sprach:

„Ich bin dein Vater, der Königstiger!
Mein Reich liegt im Schwarzen Erdteil beim Niger."

Der Junge hatte sich sogleich mit dem ruppigen Tigerjungen identifiziert, als er vor dem Käfig stand und zum erstenmal dem gelassenen Blick des alten Königstigers begegnete. Er hatte wiederholt versucht, diesen seinen stummen, gewaltigen und vornehmen Vater zum Sprechen zu bringen, indem er Steinchen zu ihm in den Käfig warf, vor dem Gitter herumtanzte und Grimassen schnitt. Der Fall und die Niederlage aller Mächtigen begann für ihn damit, daß sie sich von seinen Unarten aus der Reserve locken ließen. Doch der Königstiger war nicht so billig aus der Fassung zu bringen, er machte sich weder durch einen Versuch, den Jungen zu packen, noch durch einen Tatzenhieb gegen die Käfigstäbe lächerlich, er brüllte ihn nicht einmal an. Er ruhte majestätisch, voll unbeirrbarer Autorität, in seinem unzugänglichen Reich – dem Schwarzen Erdteil, worunter der Junge sich nichts vorstellen konnte; deshalb stand dieses Reich in ein großartiges, geheimnisvolles Dunkel gehüllt vor seiner Seele.

Seit er in den mächtigen Augen des Wärters ebenfalls nur eine imponierende Gelassenheit seinen lausbübischen Possen gegenüber wahrgenommen hatte, meinte der Kleine zu wissen, daß auch der Wärter in diesem unsichtbaren Schwarzen Erdteil beheimatet sei. Beim Niger? Vielleicht sogar war der Wärter der Niger in höchsteigener Person.

Er hatte die Großmutter gefragt, wer der Niger sei. Aber sie hatte nur gemurmelt: „Weiß nicht. Es heißt eben so."

Der Wärter setzte seine Dressur fort, indem er seinen Blick zwar häufig auf den kleinen Jungen heftete, jedoch mit einem so kühlen, hypnotischen Starren, als schaue er durch ihn hindurch, und dem Jungen wurde unter diesem Blick seltsam unbehaglich, stets ging eine fühlbare Schwächung seiner unverschämten Sicherheit und seines Selbstbewußtseins davon aus. Er hoffte, halb bang, daß der Wärter ihn nochmals ansprechen und wegen seines Benehmens ausschelten werde. Doch das blieb aus, und bald gelangte der Junge dahin, sich unter dem Blick des Wärters zu krümmen. Am liebsten hätte er sich auf den Boden geworfen und leise gejault, aber er widerstand diesem unsinnigen und demütigenden Trieb.

Eines Tages, spätnachmittags, kurz ehe der Zoo für die Besucher gesperrt wurde, trat der Wärter auf ihn zu. Der Junge erstarrte vor Angst und Mißtrauen und wäre am liebsten davongelaufen, doch seine dünnen, krummen Beine standen wie festgebannt da, und er konnte nicht einmal die Hände aus den Taschen ziehen, um sich notfalls mit den kleinen Fäusten gegen das zu wehren, was nun anscheinend über ihn hereinbrechen sollte.

Der Wärter sah ihn eine Weile an, dann wurde sein runder, harter Blick freundlich, und er sprach:

„Willst du mitkommen und mir helfen, die Tiere zu füttern?"

Die unerwartete Güte und Großmut dieses Anerbietens überwältigte den Kleinen vollständig, und seine Augen wurden blank vor ungläubiger, phantastischer Hoffnung.

„Komm!“ sagte der Wärter und streckte die Hand aus, jedoch nicht bis zu der Hand des Jungen, sondern nur ein Stück in dieser Richtung, und das andere Stück mußte der Junge ihm entgegenkommen. Es dauerte ein paar Sekunden, ehe Mißtrauen, Trotz, die Befürchtung, in eine Falle gelockt zu werden, und der ihm eigene höhnische Haß auf jedes Entgegenkommen der Erwachsenen untergingen in der Hoffnung auf unerhörte Begnadung: Er sollte mit dem Niger in den Schwarzen Erdteil gehen und seinen allmächtigen Vater, den Königstiger, füttern dürfen!

Voll ganz neuer Bereitschaft, sich bedingungslos auszuliefern, schob sich zuletzt seine fest geballte Faust in die mächtige, warme Hand des Wärters.

Von da an begleitete der Junge den Wärter fast täglich und half ihm beim Stallreinigen und Füttern. Er erwies sich als klug und rasch im Auffassen seiner neuen Tätigkeit, seine magere Gestalt zeigte beim Schleppen der Futtereimer weit mehr Kraft und Ausdauer, als man ihr zugetraut hätte. Furcht schien er überhaupt nicht zu kennen. Man mußte streng darauf achten, daß er nicht ohne weiteres zu den Raubtieren in die Käfige ging, auch scheute er sich nicht, ihnen, trotz des Verbots seines Mentors, das rohe Fleisch mit der Hand durchs Gitter zuzuschieben bis dicht vor die knurrend hochgezogenen rötlichen Lefzen.

Zwar wußte der Wärter, daß die Tiere hier im Zoo schon lange in Gefangenschaft lebten. Sie waren apathisch, ihre wilden Instinkte waren abgestumpft wie ein Messer, mit dem man allzulang das tägliche Brot geschnitten hat. Er hatte kaum etwas von ihnen zu befürchten. Doch wunderte es ihn, daß sie den neuen kleinen Trabanten, dessen Geruch ihnen noch fremd war und ihren Argwohn erregen oder lang verschüttete Blutgelüste in ihnen wachrufen müßte, nicht anfauchten. Sie schienen ihn ebenso zu respektieren wie ihren langjährig vertrauten Futtergeber und Wärter.

Es ist das Geheimnis der Furchtlosigkeit, dachte der Wärter.

Und dann erinnerte er sich mit einem kurzen, schneidenden Gefühl der Reue und Wehmut an die eine Sekunde der Angst, die vor Jahren seiner Laufbahn als Dompteur ein schauriges Ende gesetzt hatte.

Der Arzt hatte sich vorgenommen, ins Grüne hinauszufahren. Der Tag war klar und still und so recht geeignet, müßig die Zeit hinzubringen. Ein wenig vom spannungslosen Frieden, der überall, wo die Menschen nicht hinkamen, in der Natur zu walten schien, würde vielleicht wohltuend auf seine Nerven übergehen. Verhehlter Mißerfolg und eine vage Reduziertheit des Selbstvertrauens behinderten ihn innerlich seit einiger Zeit, wenngleich er genügend diszipliniert war, um seine Arbeit exakt und gewissenhaft fortzusetzen. Das störende Gefühl ging anscheinend von einer bestimmten Patientin aus, die sich den erprobten Methoden heftig widersetzte, obwohl er aus unerfindlichen Gründen gerade an ihr besonderes Interesse nahm. Nun, vielleicht wirkte sich die persönliche Teilnahme so aus, daß sie seine Kraft minderte und ihren Widerstand mehrte . . .

Plötzlich erschien ihm die Natur doch nicht als das Richtige für seine Verfassung. In der Stille des Waldes würden seine Gedanken nicht zur Ruhe kommen, sondern nur um so mehr anfangen, im Kreis unfruchtbarer Grübeleien zu laufen. Er war ein Mann des Denkens, nicht der Meditation. Entschlossen parkte er den Wagen neben dem Eingang zum Zoo und stieg aus. In einer leicht hin schlendernden, dichten Menschenmenge, deren alltägliche Zielstrebigkeit geruhsam gelockert, in zielloses Dahinspazieren aufgelöst war, trieb nun auch er leichthin, mit dem Gefühl, aus den Geleisen der Pflicht entlassen zu sein. Und nun wollte er einmal eine Stunde lang jeden Gedanken an seinen Beruf wegschieben.

Im blaugrünen Laub der Kastanien steckten wie künstlich aufgesetzte Wachsbäumchen die rosaweißen Blütenkerzen, und auf dem grauen Erdboden lagen einzelne zartgerundete Blütenblätter. Müßig trieb der Arzt mit der Menge von Käfig zu Käfig, betrachtet, ohne genau hinzusehen, die

Tiere und las die Schilder, auf denen die Gattung und jeweils auch das Land ihrer Herkunft stand. Allmählich fühlte er sich befreit von den Beunruhigungen dieses Vormittags.

Daß ich es nicht lassen kann! – dachte er plötzlich betroffen und über sich selbst belustigt. Heute ist einer der seltenen freien Tage, die ich mir gönnen kann – und was tue ich?! Ich verbringe ihn vor Zellen und Gittern, hinter denen Wesen eingesperrt sind, in deren Tiefen dieselben uralten Dunkelheiten schlummern wie in den Seelen meiner Patienten im Irrenhaus. Wer weiß, wie viele von diesen Tieren, vom Standpunkt eines Tieres aus, wahnsinnig geworden sind durch den erzwungenen Aufenthalt in eingegrenzten Gehegen, der ihrem Trieb nach unnatürlich ist?

Obzwar – warum sollten Tiere wahnsinnig werden, wenn ihre Freiheit ohne alle Grausamkeit bei guter Behandlung und reichlichem Futter ein wenig beschnitten wurde? Auch die Menschen hatten ihre Zähmung und Einordnung in innere und äußere Käfige doch ohne allzu großen Schaden überstanden. Das Gehege verursachte ihnen wohl etwas Unbehagen, aber sie lebten recht gern darin. Jeder Mensch lebte im Käfig. Auch er selbst. Er selbst sogar freiwillig.

Denn er gestattete sich nicht einmal die gesunde und begreifliche Rücksichtslosigkeit, die beruflich überanstrengte Männer meist dazu verführte, ihren gestauten Unmut, der schließlich irgendwo hinaus mußte, daheim an der Gattin abzureagieren. Wo sollte man ihn denn sonst loswerden? Wer verstünde das sozusagen ganz Unpersönliche solcher Reizbarkeit besser als die eigene Frau, die ja zahllose nur ihr bekannte Aufmerksamkeiten und gute Eigenschaften des Ehemannes in die andere Waagschale zu legen hätte, womit jede gelegentliche Rücksichtslosigkeit aufgewogen wäre!

Dennoch, er ließ sich daheim nicht gehen. Er riskierte es nicht, weil er ahnte, daß seine nervöse Reizbarkeit nicht ganz so unpersönlich war, wie er sich einreden wollte. Seit einiger Zeit richtete sie sich sogar unmißverständlich gegen

Melitta, gegen kleine Dinge, die er an ihr früher gar nicht oder sogar mit Anerkennung wahrgenommen hatte; etwa die Gewohnheit, in seiner Gegenwart die Zeitung zu lesen, als hätte sie seine Existenz einfach vergessen – aber sie hatte sie keineswegs vergessen, denn sie pflegte ihre Zeitung nicht ganz stumm zu lesen, sondern ihm ab und zu einen Brocken der Lektüre, aufgeputzt mit etwas eigener Meinung, zuzuwerfen und ihn dadurch immer wieder aus der viel schwierigeren, viel mehr Sammlung erfordernden eigenen Lektüre zu reißen. Dazu kam ihre starr ablehnende Haltung gegen alles Über- oder Unterdurchschnittliche, sei es in der Kleidung, den Gefühlen, in Dingen der Weltanschauung, Politik oder Religion. Sie war durch und durch vernünftig, und da er ebenso vernünftig war, wußte er schon im voraus, wie sie auf dieses oder jenes Ereignis reagieren würde. Sie war gut gewachsen, gut mittelgroß, hübsch, aber nicht schön, sie tat alles Notwendige, niemals mehr. Sie sparte nicht und verschwendete nicht, faulenzte nicht, strebte aber auch nach nichts. Das einzige, wofür sie lebhafteres Interesse zeigte, waren die Mord- und Schauerberichte in den Zeitungen, wogegen sie Kriminalromane rundweg ablehnte, „weil sie ja doch nicht wahr sind“.

Er hatte sich bei dem Gedanken ertappt, es sei seltsam und symptomatisch, daß Mord und Schändung ihr Vergnügen bereiteten, aber nur, wenn es sich um tatsächlich verübten Mord und wirklich begangene Schändung handelte. Nur da hatte sie nämlich Gelegenheit, sich moralisch zu entrüsten. Nach dem Abendessen pflegte sie, sofern sie nicht ins Kino gingen oder Gäste bei sich sahen, zeitungslesend dazusitzen und ihm in langen Intervallen – stets wenn er ihre Anwesenheit schon fast vergessen hatte – über den Rand des Blattes hinweg, doch ohne aufzublicken, ihre Kommentare mitzuteilen.

Dagegen wäre an und für sich doch nichts einzuwenden, dachte er, wie stets bemüht, ihr Gerechtigkeit widerfahren zu lassen.

Aber der Tonfall, dieser für sie typische Tonfall machte ihn verrückt, denn daraus klang ein stummes, selbstgenügsames „Herr, ich danke dir, daß ich nicht bin wie jene!“ ob es sich nun um modische Übertreibungen, den Selbstmordversuch eines jungen Menschen aus Liebe zu einem Tunichtgut, die avantgardistischen Allüren moderner Künstler, die Verzweiflungstat eines Arbeitslosen oder den Diebstahl einer Hausgehilfin handelte. Ganz zu schweigen von Mördern und Sexualverbrechern.

Sie dankt Gott, an den sie gar nicht glaubt, ununterbrochen dafür, daß ausgerechnet sie, und nur sie, auserkoren wurde, Frau Doktor Melitta Klingengast geborene Mühlbauer zu sein, und dabei übersieht sie gänzlich, daß eine Durchschnittserscheinung (ein Meter siebzig bei sechzig Kilogramm Gewicht), ein Schneiderkostüm mit stets frischgebügelter Bluse, gepflegtes Haar und eine mit gutem Erfolg bestandene Matura keineswegs höchster Zweck der Schöpfung und Endziel aller kosmischen und irdischen Konstellationen sind.

Ich bin in letzter Zeit ungerecht gegen sie, wies er sich selbst innerlich zurecht. Habe ich sie nicht genau deshalb geheiratet? Sie ist normal, ruhig, ordentlich, selbstbewußt, sie sieht gut aus und erlaubt sich keine Extravaganzen. Gewiß, gewiß! Nur, sie sollte nicht so schrecklich überzeugt sein vom Wert ihrer Mittelmäßigkeit!

Und warum eigentlich nicht?

Weil – nun, meinetwegen: weil ich nervös bin und mir selbst auf die Nerven gehe. Und weil ich genauso mittelmäßig bin wie sie. (Er war tatsächlich ebenfalls eins siebzig groß, bei achtundsechzig Kilogramm Gewicht, aber nicht, weil er dick gewesen wäre, sondern nur, weil er schwerere Knochen hatte.)

Der Arzt war vor dem Giraffengehege angelangt und starrte in Gedanken verloren durch das Gitter auf die drei großen Tiere, die am anderen Ende des eingezäunten Platzes dicht beisammen standen, als drängten sie sich leise aneinander, und die kleinen Köpfe auf ihren langen Hälsen mit sanftem Blick da- und dorthin drehten. Die schöne Zeichnung ihres gescheckten Felles und die überlangen Gliedmaßen, im Verein mit den löffligen Ohren, die auf kurzen Stielen wuchsen, ließen die Tiere beinahe wie einen Strauß gefleckter Orchideen wirken. Sie hatten entschieden etwas Planzenhaftes und Weiches, diese sanften Ungetüme von urtümlicher Form, voll melancholischer Anmut und Wehrlosigkeit.

Neben dem Arzt streute jemand Futter durch die Zaunstäbe. Eines der Tiere näherte sich wiegend, um es aufzunehmen, indem es die langen Vorderbeine wie schief eingeschlagene Zaunstecken ungraziös spreizte, bis das Maul den Boden erreichen konnte. In dieser Stellung wurde die Schönheit der Giraffe ins Groteske verzerrt.

Zur gleichen Zeit rannte ein Junge vorüber. Er hielt einen Spazierstock fest in der Hand und ließ dessen Ende ratternd über die Gitterstäbe hinstreichen. Es klang wie Maschinengewehrfeuer.

Die Giraffe erschrak und galoppierte davon; da jedoch das Gehege keinen ihren langen Sätzen angemessenen Fluchtweg in gerader Richtung bot, blieb ihr nichts übrig, als ihr langatmiges Erschrockensein im Kreis auszurasen, und so kam sie nach kaum zwanzig Sätzen – befremdlichen, wie unter der Zeitlupe gesehenen Bewegungen – nochmals am Ort ihres Erschreckens vorbei, bremste mit allen vier Hufen, so schräg scheuend, daß sie sich als schwankender Turm umzulegen drohte, und setzte ihre Flucht im Kreis fort, ohne das Tempo zu vermindern. Es war ein in gedehnter Langsamkeit abrollendes weiches Dahinstürmen.

Der Doktor hatte keine besonders ausgeprägte Beziehung zu Tieren. Giraffen hatte er schon oft genug gesehen, auf Abbildungen, im Zirkus und im Zoo. Aber noch nie war ihm der sonderbare Gang der Tiere aufgefallen, deren Schnelligkeit in einem unaufhörlichen Widerspruch zu ihrem turmartigen Aufragen und dem vegetativen Reiz ihrer Erscheinung stand.

Wozu – wozu? Etwas Unbekanntes rührte ihn an, eine Frage von Urzeiten her, ein nicht aufzuhellendes, warnendes, stummes Befremden.

Er suchte der Empfindung, die ihn flüchtig gestreift hatte, habhaft zu werden, indem er mit seinem Verstand hinter ihr drein angelte, Begriffe und Formulierungen wie Köder danach auswarf, aber es blieb nichts daran hängen. Es war, als hätte er, einem blitzschnellen, unkontrollierten Impuls nachgebend, ins Wasser gegriffen, um einen Goldfisch zu fangen und zöge nun unbehaglich und bis über die sauberen Manschetten durchnäßt die leere Hand zurück: Der Fisch war ihm entglitten. Er hatte sich nur lächerlich gemacht.

Unwillkürlich blickte er sich nach allen Seiten um und rückte an seiner Krawatte, er setzte zur Bekräftigung seines Anspruchs, so sein zu dürfen, wie er nun einmal war, den Hut auf, den er bisher lose in der Hand gehalten hatte, und spazierte gemessenen Schritts weiter.

Was ging ihn schon die Giraffe an! Man konnte, ohne auch nur das geringste zu entbehren, sechzig Jahre lang leben in Unkenntnis der Tatsache, daß es irgendwo anders Giraffen gab, gesprenkelte, exotische Früchte auf langen, schwankenden Stengeln, die plötzlich erschraken und zu laufen anfingen.

Man war schießlich weder ein jagender Löwe noch ein Tierwärter, sondern Dr. Karl Klingengast, Vorstand zweier wissenschaftlicher Vereine, Arzt in der renommierten Klinik am Rosenhügel, verheiratet, katholisch, österreichischer Staatsbürger, vierzig Jahre alt, eins siebzig groß. Gott sei Dank . . .

. . . daß ich nicht bin wie jene! Wer jene? Was jene? Etwa die Giraffen? – dachte er verwirrt.

Und weiter folgte mit der Logik jenes Denkens im Rösselsprung: Es ist durchaus möglich, daß es nur meine große Ähnlichkeit mit Melitta ist, die mich so gegen sie aufbringt, man kann nicht immerzu in einen Spiegel sehen. Aber er schob den Gedanken ohne Umschweife weg: Unsinn! Möchte ich etwa, daß meine Frau einen gescheckten Hals und auf Stielen drehbare Löffelohren hätte? Leider ist es schwierig und bedarf vieler Umwege, im Rösselsprung wieder auf den Platz zurückzukommen, von dem man ausgegangen ist.

Da erlöste ihn das äußere Geschehen von seinen Grübeleien. Er näherte sich soeben einer Menschentraube, die erregt um einen Mittelpunkt drängte, und als er herangekommen war, sah er, wie ein Mann mit Wärterkäppi und Dienstplakette am Aufschlag seiner Jacke einen Jungen auf dem Arm durch die Menge trug, der jedoch schon über das Alter hinaus war, in dem Kinder getragen werden müssen.

Seine Sinne waren geschult, sogleich alles deutlich zur Kenntnis des Gehirns zu bringen, was etwa seine ärztliche Hilfe erforderlich machen konnte.

„Was ist hier geschehen?“ fragte er hinzutretend.

„Der Kleine ist von der Barriere gesprungen und hat sich weh getan“, sagte jemand.

Klingengast drängte sich durch und zog den Hut vor dem Wärter.

„Ich bin Arzt.“

Der Junge war blaß, doch er gab keinen Schmerzenslaut von sich, sondern starrte mit seinen schräggeschnittenen gelblichen Augen finster-ablehnend auf die mitleidigen Zuschauer und den Arzt.

„Es wird nicht so schlimm sein“, sagte der Wärter. „Aber würden Sie bitte mitkommen und sich seinen Knöchel ansehen?“

Zu dritt betraten sie die Wohnung des Wärters. Der Junge wurde auf das Bett gelegt und versuchte sogleich, sich strampelnd gegen den Arzt zur Wehr zu setzen, als dieser nach seinem Fuß griff.

„Na, na, schön ruhig“, sagte Klingengast. „Gleich ist es vorüber.“

Er renkte den verstauchten Knöchel wieder ein.

„Brav!“ sagte er dann anerkennend. „Nicht einmal geschrien hat er. Tut's noch weh?“

Der Junge stieß hörbar und verächtlich die Luft durch die Nase und schwieg. Der Arzt begann, den Knöchel mit einem Streifen Gaze aus der Erste-Hilfe-Kassette des Wärters zu bandagieren.

„Ist es Ihr Junge?“ fragte er den Wärter.

„Nein. Ich weiß gar nicht, wo er hingehört. Er hilft mir manchmal bei den Tieren.“

„Wie heißt du denn?“ wandte sich der Arzt nun an den Kleinen.

„Josef.“

„Nur Josef? Oder hast du vielleicht noch einen anderen Namen?“

Es sollte scherzhaft ironisch klingen, aber er traf fast nie den Ton, weder bei Kindern noch bei jener gewissen Sorte von Patienten, die . . .

Der Junge blinzelte ihn höhnisch an. Mit einem bezeichnenden Kopfwinken vom Arzt zum Wärter hin sagte er, den letzteren in ein freches Einverständnis einbeziehend: „Was der glaubt!“ Aber der Wärter war nicht gesonnen, derlei durchgehen zu lassen. Sein Blick wies den Kleinen in die Schranken, und er bequemte sich schließlich, zu antworten.

„Josef Kutian heiß' ich.“

„Kutian. So, Kutian? Und wo wohnst du?“

Klingengast betrachtete den Jungen aufmerksam und schien über etwas nachzudenken.

„In Lainz. Hinter den Bahnschranken. Unsere Gasse hat keinen Namen mehr, weil sie abgerissen worden ist. Bis auf unser Haus.“

„Ist das in dem Viertel zwischen dem Bahngeleise und dem Versorgungsheim?“

„Ja, dort.“

„Das ist aber hübsch weit von hier.“

„Gar nicht weit!“

„Es ist besser, wenn der Bub den Fuß jetzt nicht anstrengt“, sagte der Arzt zum Wärter. „Ich werde ihn mit dem Wagen heimbringen. Vielleicht ließe es sich erreichen, daß ich bis hier hereinfahre, um den Patienten zu holen?"

„Sicherlich", antwortete der Wärter. „Wenn Sie wirklich so freundlich sein wollen? Ich wäre Ihnen dankbar dafür, ich fühle mich etwas verantwortlich für den Buben. Na, Josef, was? Jetzt darfst du mit dem Auto fahren! Ich rufe den Portier beim Haupteingang an und sage ihm Bescheid, damit er Sie hereinfahren läßt."

Vollkommen verstummt und fügsam geworden vor Aufregung über dieses unerhörte Abenteuer, ließ sich der Junge in den Wagen heben. Den schmerzenden Knöchel hatte er schon wieder vergessen.

Mit dem Wagen war die Entfernung freilich nicht groß, die der Junge sonst in lockerem Trab, ohne Anhalten, zu bewältigen pflegte. Als sie die Bahnschranken passierten, tauchte rechter Hand ein ganzes Stadtviertel neuer hoher Gemeindebauten mit Grünflächen dazwischen auf, aber links, ehe das bereits für den Neubau planierte Gelände begann, stand noch ein pavillonartiges Gebilde, in dem ein Milchgeschäft war, und daneben eine niedrige Bruchbude mit schiefen Mauern.

„Da ist es", sagte der Junge und wies auf das baufällige Haus mit den großen schwammigen Flecken auf dem graugelben Verputz und engen, tiefgehöhlten Fensterlöchern, die wie eingesunkene Augen aus den muffigen Mauern glotzten. Das breite Holztor mit dem alten Sonnensymbol führte ohne Staffel und Stufe ins Innere, in einen kühlen gepflasterten Gang, der infolge seiner Lichtlosigkeit etwas Höhlenhaftes hatte und in einem unbeschreiblichen Brodem aus Abfall, Nässe, Kochdunst und frischer Erde braute. Rechter Hand schlug der Junge hart mit der Faust gegen eine Eisentür, die nur angelehnt war, unter den Schlägen erzitternd nachgab und sich nach innen öffnete. Sie führte in ein stockfinsteres Gelaß von nicht mehr als zwei Metern im Geviert, und von diesem Vorraum aus betraten sie durch eine Holztür die schmale Küche, die von einer der Fensterluken genug Licht erhielt, um ihre Armseligkeit ohne Schonung preiszugeben. Der Arzt registrierte kurz einen alten Kachelherd mit offenem Rauchabzug, eine Stellage mit einem schmutzigen rotgeblümten Vorhang, einen lehmverkrusteten Männerschuh, der mitten im Raum auf dem Ziegelboden lag wie ein havariertes Boot, viele leere Flaschen und undefinierbaren Hauskram, der aussah, als hätte man ihn auf Schutthalden zusammengesucht und notdürftig instand gesetzt.

Eine türlose Öffnung führte in den nächsten Raum. Der Junge hinkte hinein, und der Arzt folgte ihm und spähte leicht angewidert in das, was wohl das Schlafzimmer einer Familie darstellen sollte: ein feuchtes Geviert mit drei primitiven Bettgestellen, einem Stuhl, einem Tisch und einem Schrank, dessen Tür klaffte, weil er nur drei Füße hatte und bedrohlich nach einer Seite vornüberhing.

Von einer der Bettstellen richtete sich ein Mann auf und knurrte mit heiserer Stimme:

„Was ist?"

„Ich hab' mir weh getan!" sagte der Junge im Ton trotziger Selbstverteidigung und hob den bandagierten Fuß zum Beweis in die Höhe.

„Lausbub!" grölte der Mann, bückte sich mühsam unters Bett, und schon sauste der zweite schmutzige Schuh an dem Jungen, der sich rasch duckte, vorüber und prallte gegen die Wand.

„Hören Sie einmal, Ihr Sohn . . .", begann der Arzt.

Aber der offenbar Betrunkene unterbrach ihn:

„Sohn, Sohn! Der ist ohnehin nicht von mir . . ." Das Weitere erstarb in Gemurmel und ächzenden Gähnlauten und ging dann unvermittelt in leises Schnarchen über.

Der Junge schien vom Zorn seines Vaters durchaus nicht eingeschüchtert zu sein. Seelenruhig hinkte er an das Bett heran, beugte sich aus knappster Sicherheitsentfernung plötzlich vor, boxte den Schlafenden heftig in die Rippen und schrie:

„Wo ist die Großmutter? Vater, hörst du nicht! Wo die Großmutter ist!"

Der Mann kam zu sich, schlug erbost nach der Seite, wo der Junge stand, der ihm jedoch gelassen auswich, und murmelte:

„Im Garten. Was weiß ich?" Damit schlief er wieder ein.

Der Junge stieg auf den Stuhl, der unter der Fensterluke der Hinterwand stand, und spähte durch die Gitterstäbe hinaus.

„Großmutter!" schrie er, und nach einer Weile nochmals: „Großmutter!" Aber sein Schreien war nur theoretisch gemeint, er wartete offenbar auf keine Antwort, denn er wußte, daß diese nicht kommen konnte. „Die hört schlecht", erklärte er die Zeremonie dem Gast. Und rief halb zum Beweis, halb um keinesfalls etwas versäumt zu haben, noch einmal: „Großmutter!"

Dann stieg er vom Stuhl und führte den Arzt wieder durch die schmale Küche, den dunklen Vorraum und den gepflasterten Gang, diesmal jedoch nach hinten hinaus in den Hof. Und hier verloren Armut, Schmutz und Hoffnungslosigkeit städtischer Verwahrlosung plötzlich alle Schrecken, und das Sonnensymbol des Haustores hatte doch nicht getrogen.

Denn hinter dem Haus, dessen Dachrücken an den Rücken einer abgerackerten Mähre erinnerte, mit seinen vorstehenden Firstbalken und Sparren, zwischen denen die silbrige Schindeldecke wie eine faltige Pferdehaut eingesunken war, gab es einen Streifen Erde mit einigen Kohlköpfen, Paradeisstauden die besonnte Mauer entlang, mit grünen Salatköpfen, und auf der Erhöhung des einstigen Mistbeets gediehen sogar Kürbisse. Mitten im Garten bückte sich ein verblichenes Bündel alter Kleider tief zu Boden, und zwei braune, derbe Hände rupften das Unkraut aus.

Jetzt richtete sie sich auf und sah nach dem Fenster. Ihr Gesicht war hager und breit, sehr breit. Es ruhte wie ein bemooster Feldstein auf dem Sockel ihrer noch immer aufrechten, breiten Schultern. Aber sie war dennoch alt und abgerackert. Ihre Brüste lagen deformiert wie zwei halbvolle Beutel auf der vortretenden Wölbung des Leibes. So stand sie sekundenlang still, ein Denkmal versteinter Gleichgültigkeit. Die Augen blickten dem Arzt, der von der Einfahrt her mit dem Jungen durch den Garten kam, ohne Erstaunen, Scheu oder Neugier entgegen. Sie waren grau. Aber im Ausdruck glichen sie den Augen des Jungen: Ihr stiller Hohn, die Ironie dessen, der nichts mehr zu verlieren und darum auch nichts mehr zu fürchten hat, dieser Hohn war die alt und ehrwürdig gewordene, versteinerte Form des gleichen Hohns, der in den gelben Augenlichtern des Jungen noch vor Auflehnung und Haß glitzern konnte.

„Großmutter, ich hab' mir weh getan!" rief der Junge triumphierend, und wieder hob er den Beweis, den bandagierten Fuß.

„Der Kleine hat sich den Fuß verstaucht", ergänzte der Arzt.

Stumm wischte sie sich die Hände in der Schürze ab und zog das verrutschte Kopftuch tiefer in die Stirn.

„Er sollte ruhig liegen und Umschläge mit essigsaurer Tonerde bekommen."

„So!" sagte sie grämlich mißbilligend.

Sie machte einen großen, ungeschickten Schritt über das Kohlbeet hinweg auf den kaum einen Fuß breiten, festgetretenen Weg heraus, band die Schürze ab, schüttelte sie aus und band sie wieder um.

„Übrigens – der Kleine kann nichts dafür", beeilte Klingengast sich, seinem Schützling weitere Prügel oder durch die Luft sausende Gegenstände zu ersparen.

Die alte Frau wandte das Gesicht dem Jungen zu. Ihr Blick schien zu sagen: Der? Der kann immer etwas dafür.

„Ist der Vater wach?" fragte sie ihn jedoch ohne Zorn, resigniert, so wie man etwa gedankenlos fragt, ob es regne, während einem schon die ersten dicken Tropfen ins Gesicht schlagen.

Wie sonderbar sie sind, dachte Klingengast. Sie tun und sagen alles, als ob sie ohnedies wüßten, daß es ganz sinnlos ist, aber sie scheinen das Gefühl zu haben, daß man doch irgend etwas tun und sagen muß, wenn man nun einmal lebt.

„Der schläft“, sagte der Junge und gab illustrierende Schnarchtöne von sich.

„Der Herr sagt, du sollst dich hinlegen.“

„Der Herr ist ein Herr Doktor!“ kreischte der Junge und sprang unvermittelt, wild gestikulierend und laute Schnarchtöne von sich gebend auf sie los, als wollte er sie schlagen. „Ich bin mit einem Auto gefahren! Äääätsch!“

Sie holte mechanisch mit der rechten Hand aus, überlegte sich's aber, zumal der Junge sich schon wieder außer Reichweite befand.

„Geh, leg dich zum Vater hinein. Aber weck ihn nicht auf.“

Merkwürdigerweise gehorchte der Junge sofort. Wahrscheinlich tat ihm, nach dem hysterischen Herumspringen, der Fuß wieder weh, vielleicht hatte er auch keine Lust mehr, mit dem Arzt und der Großmutter beisammen zu sein. Grußlos und heftig hinkend verschwand er im Haus.

Der Arzt setzte sich auf die schmale Bank, die auf zwei dicht über dem Grund bereits angefaulten Pflöcken an der Hinterwand des Hauses lehnte. Langsam schlurfte die alte Frau näher und setzte sich neben ihn.

„Essigsaure Tonerde“, wiederholte er und klammerte sich an sein Fachwissen, das ihm Überlegenheit gab, denn eine merkwürdige und gänzlich unbegründete Unsicherheit hatte ihn erfaßt. „Ich schreibe es Ihnen hier auf, Sie bekommen es in jeder Apotheke.“ Und da sie schwieg: „Umschläge machen und möglichst ein paar Tage ruhig verhalten.“

„Der und ruhig halten!“ sagte sie endlich und steckte den Zettel in die Schürzentasche. Dann schwieg sie wieder.

Es war überhaupt so sehr still hinter dem Haus, ländlich still fast, mitten in der dichtbewohnten Vorstadtsiedlung mit riesigen Wohnwürfeln, Autobussen und Kaffeehäusern. Dann drang ein Geräusch in diese Insel der Stille. Von sehr fern tönte der Hupenruf des Rettungsautos, aber der hektische Ton verklang im Garten, als sei hier alles nicht so ernst gemeint, auch nicht, daß jeder irgend einmal von der Krankheit überfallen und zum Sterben ins nahe Altersheim gebracht werden konnte.

Der Wind hob ein paar lose Bastfäden auf und ließ sie zögernd wieder fallen. Auf dem Mistbeet glühte wie ein Stern eine gelbe Kürbisblüte zwischen dem stachelhaarigen Gerank der Kriechstengel. Gesäumt war der Fleck bebauten Bodens von einer Zeile roter und gelber Bauernblumen, Stiefmütterchen und Primeln und Krokus, die sich bunt vor der dreistöckigen Feuermauer des nächsten Hauses abhoben. Die Alte saß unbeweglich, stumm und erstarrt neben ihm. Sonderbar, daß dieser Steinblock aus Alter und freudlosem Dasein Blumen engepflanzt hatte!

Er hätte sie gern einiges gefragt, aber ihr ungastliches Schweigen auf dem Fleck Erde, der ihr gehörte und den sie bearbeitet hatte, schüchterte ihn ein.

Plötzlich drehte sie den Kopf und wandte ihm das Gesicht zu. Sie sah ihn an. Der dünn gewordene, verbissene Mund verzog sich sogar zu einem kleinen, schlauen, zahnlosen Lächeln, als wüßte sie etwas, von dem er absolut keine Ahnung haben könnte. Verwirrt lächelte er zurück. Dann stand er auf und nahm grüßend den Hut ab.

„Also Umschläge machen!“ wiederholte er verlegen. „Es ist nicht so arg, wie es aussieht.“

„Meinen Sie?“ Es klang hintergründig schlau, verkniffen. Aber dann setzte sie fast gutmütig hinzu: „Es renkt sich alleweil alles wieder ein, Herr Doktor.“

Merkwürdige Person, dachte er. Ziemlich abwegig. Und der Kleine, der ist auch nicht ganz normal.

Die Großmutter blieb auf der Bank sitzen. Nachdenklich zupfte sie einzelne braune Stengel vom Kleid, verdorrte Reste, wie sie sich anzuhängen pflegten, wenn man im Vorübergehen an dürre Stauden streifte. Ihr Gesicht glättete sich ein wenig, als sie so müßig in der Spätnachmittagssonne saß. Es war ein gelbbraunes Gesicht mit Runzeln so fein und dicht wie Spinnweben, die jedoch seiner starken, hageren Struktur nichts anhaben konnten, das schicksallose und simple Gesicht einer alten Bäuerin, für die Geburten und Todesfälle, Hagel und Sonne, Glück und Unglück längst zu mystischer Einheit verschmolzen sind.

Sie stammte vom Land, aus einem jener kleinen Dörfer im Burgenland, die aus einer mehligen Landstraße neben Tümpeln und einem Wasserrinnsal, zwei Zeilen durch Schwibbogentore miteinander verbundener weißer Häuser, deren Schmalseite gegen die Straße gerichtet ist, und einer geruhsam inmitten der Straße dahinwatschelnden Zeile weißer Mastgänse bestehen. Das Bild eines solchen Dorfes war noch immer für die alte Frau das, was man Heimat nennt, obwohl sie schon etwa fünfzig Jahre lang nicht dort gewesen war.

Sie war mit vierzehn nach Wien gekommen und hatte eine Stelle als Dienstmädchen angetreten. Damals ist dieser Doktor, der junge Kerl, noch gar nicht auf der Welt gewesen, dachte sie. Sie kicherte spöttisch, als gäbe ihr der Umstand, daß sie um so viel älter war und um so viel mehr Leben hinter sich gebracht hatte, eine heimliche Überlegenheit über ihn.

Die Anna hatte ihrer Herrschaft fünfzehn Jahre gedient und Groschen auf Groschen gelegt. Sie trug nach diesen fünfzehn Jahren noch immer ihre Bauernkleider, Unterröcke, Stiefel und Schürzen, ein Kopftuch und im Winter das große schwarzwollene Umschlagtuch ihrer eigenen Mutter. Einen Mantel hatte sie ihr Leben lang nicht besessen.

Sie war ein ziemlich großes Mädchen mit einem dicken Zopf, roten Lippen und weißen Zähnen, die aus dem gelblichbraunen Gesicht leuchteten. Seit ihrem zwanzigsten Jahr war sie verlobt mit einem jungen Arbeiter, den sie sofort ihrer Herrin präsentierte, worauf er die Erlaubnis erhielt, Sonntag nachmittags bei ihr in der Küche Kaffee zu trinken. An ihrem freien Tag gingen sie in den Prater oder auf den Kahlenberg spazieren, und dabei küßten sie sich manchmal.

Mehr bekam er nicht, es war damals noch nicht allgemein üblich, daß ein Mann vor der Hochzeit mehr bekam, und sie empfand darüber kein Bedauern. Sie hatte ihn ohne große Leidenschaft akzeptiert, weil er ein nüchterner, anständiger Mensch war, und irgendeinen mußte sie ja doch einmal heiraten.

So wurde sie fünfundzwanzig und dreißig Jahre alt.

Wie bunte Guckkastenbilder tauchten die wenigen Szenen aus der Vergangenheit auf, die ihrem Leben alle entscheidenden Impulse gegeben hatten.

Zuerst der Markt. Sie stand da in Kopftuch und Schürze, den gefüllten Henkelkorb überm Arm, zwischen den Ständen voll gerupfter Hühner und den Kisten mit Eiern auf Holzwolle, grünen Salathaufen und Spankörben voll Marillen, roten Äpfeln und Pflaumen. Und auf einmal überkam sie so ein Gefühl wie daheim, wenn sie vom Rübenfeld aufblickte und die lange weiße Straße in der Sonne flimmerte und flirrte, bis sie plötzlich wunderlich ihrer selbst gewahr wurde: sie kniete da, neben dieser Straße, unbeweglich wie ein Stein, und die Straße lief und lief, über geringfügige Erhebungen hüpfend und tanzend, immer weiter ins Unendliche hinaus.

Dasselbe Gefühl überkam sie nun auf dem Markt: Sie stand da, als wäre sie vor hundert Jahren im Stehen eingeschlafen, und nur die bunten Äpfel und mattgrünen Krautköpfe wüchsen und veränderten sich. Es blühte, reifte und welkte um sie her, und einzig sie stand immer noch genauso regungslos da . . .

„Tramhappert" sei sie, hatte die Gnädige manchmal tadelnd gesagt.

Sie stand den anderen im Weg, und es war unvermeidlich, daß im Gewühl des Markts schließlich jemand an ihren Korb stieß und der rote Apfel, der obenauf gelegen war, aufs Pflaster kollerte. Während sie sich, aus ihrem traumüberhäuften Zustand auffahrend, ungeschickt danach bückte, rollten ihr auch noch die Krauthäuptel aus dem Korb, und ein paar lila Zwiebeln hüpften hinterdrein.

Verwirrt setzte sie den halbleeren Einkaufskorb zu Boden, hockte nieder und griff zwischen den Beinen der achtlos Vorüberdrängenden nach dem Gemüse. Nur den roten Apfel erreichte sie nicht, er war weitergerollt bis vor zwei ungeheuer elegante hellgelbe, spitzige Männerschuhe, die fast über ihn gestolpert wären.

„Jesses!“ murmelte sie und rutschte auf den Knien weiter, ein Stück hinter dem Apfel drein. Da beugte sich ein schwarzer pomadeglänzender Kopf mit rahmweißem, unfaßbar gerade gezogenem Scheitelstrich in ihr Blickfeld, und eine langfingrige Männerhand mit einem goldenen Siegelring am Zeigefinger griff nach dem Apfel, hob ihn auf – und fort war er! Aber ebenso unerwartet sprang der rote Apfel plötzlich von oben in ihren Korb, der noch immer neben ihr auf dem Pflaster stand, und eine Stimme, so pomadenglatt und seidenweich wie das schwarze Haar vorhin, drang an ihre Ohren.

Sie verstand nicht, was die Stimme sprach, blickte auf und sah einen dicken schwarzen Schnurrbart, wie ihn die jungen Burschen in ihrer Heimat auch trugen, und das machte ihr etwas Mut, obwohl der Sprecher im übrigen ein vornehmer Mann war, von den gelben Schuhen bis zum weißen Scheitelstrich. Sie starrte ihn bewundernd und gänzlich verwirrt an und brachte kaum ein Dankeswort hervor.

„Steh auf, mein schönes Kind“, sagte der Herr leutselig.

Sie erhob sich hastig und tief beschämt von den Knien. Er klopfte ihr mit den Handschuhen, die er lose in der Linken hielt, den Staub von der Schürze, und dabei sprangen auf einmal wie durch Zauberei noch zwei rotbackige Äpfel aus ihrem weiten Rocksaum in den Korb.

Sie schlug sich verwundert mit der linken Hand auf die Backe und den Hals, eine Bewegung, die bei ihr Schreck oder Staunen ausdrückte, während ihr der Mund sprachlos offenstehen blieb, denn der Weg vom Erlebnis bis zum gesprochenen Wort war weit und holprig, und sie war eigentlich nicht so sehr verträumt, sondern eher von äußerst langsamer Reaktionsfähigkeit und vermochte daher diesen Weg nie rasch genug zu finden, so daß ihr nur die Abkürzung der sprachlosen Geste blieb.

Immer noch stumm und rot im Gesicht, die dicken blonden Wimpern tief gesenkt, trottete sie dann neben den gelben Halbschuhen her, indes der vornehme Herr zu ihrer peinlichsten Verlegenheit den Henkelkorb trug und dazu redete wie ein Wasserfall.

Und ehe sie sich noch genügend gefaßt hatte, um nun auch selber etwas zu sagen, stand sie schon vor der Villa in der Jagdschloßgasse, den Korb in der einen, eine Freikarte für die abendliche Zirkusvorstellung in der anderen Hand. Und der Herr mit dem Schnurrbart entschwand elegant und leichtfüßig wippend um die Ecke.

Immerzu stand und kniete sie bewegungslos wie ein Stein irgendwo. Und das Leben tänzelte flimmernd an ihrem runden Blick und dem vor Staunen sprachlos offenen Mund vorüber. So war es zumindest gewesen, solange sie jung war, und jung war sie genau bis zu einem ganz bestimmten Tag gewesen – nachher war es über Nacht vorbei mit ihrer Jugend –, jung und dumm und erstaunt wie eine Gans, die man unter den Flügeln greift, um sie zum Abstechen fortzutragen.

Was dann folgte, ließ sich nicht mehr genau erinnern, es verschwamm wohl auch damals schon im Dampf und Rauch seiner Gaukeleien und im Nebel eines Glücks, das die Alte heute nicht mehr begreifen konnte, sondern kopfschüttelnd an den derzeit Jungen wahrnahm: Liebe. Liebe? Dumme Gänse!

Aber ein Bild hatte sich ihrem Gedächtnis scharf eingegraben und besaß heute noch mehr Wirklichkeit für sie als ihre Verführung zu einem schillernden und heißen, längst verjährten Glück.

Es war das Abwaschbecken in der schönen hellen Küche in dem Haus, in dem sie diente, mit dem goldenen Messinghahn, den sie fünfzehn Jahre lang jeden Samstag zärtlich mit Sidol geputzt hatte. Denn immer fließendes, mit einem Handgriff herbeigezaubertes Wasser, das auf einen ebensolchen Handgriff hin wieder versiegte, war eines der großen Wunder städtischen Lebens für eine, die schon siebenjährig schwere Zuber vom Dorfbrunnen heimgezerrt hatte, daß ihr, weil die Last sie schwankend schiefzog, kalte Güsse in die Holzpantinen geschwappt waren. Heißes und kaltes Wasser ohne Plage, Sidol und Seifenflocken, blankes Geschirr und glänzendes Messing, das waren Dinge, die ihr Leben mit Schönheit und Freude füllten. Geschirrwaschen galt ihr als behaglich müßige Nachmittagsbeschäftigung, nicht anders, als es der Gnädigen gefiel, in Mußestunden an spinnwebfeinen Zwirnsternen zu stricken.

Aber als sie sich an jenem bewußten Tag über das still dampfende Spülwasser beugte und die obenauf schwimmenden Gemüserestchen sah, und als ihr der fettige Dunst in die Nase stieg, hob es ihr auf einmal den Magen hoch, und da wußte sie sofort, was mit ihr los war. Dergleichen war zwar eine Schande, aber doch eine Schande, die öfters vorkam, ohne daß man daran sterben mußte.

Als abends der Bräutigam kam, war sie verweint. Er war schon seit einigen Wochen argwöhnisch, weil sie wenig Zeit für ihn gehabt hatte und so gar nichts mehr zu reden wußte, wenn sie beisammen waren. Nun fiel es ihm nicht schwer, ihr ein Geständnis zu entreißen. Dann beschimpfte er sie, danach begann er zu heulen, und zuletzt bedrängte er sie. Aber sie war so ruckartig aufgewacht aus ihrem tramhapperten Zustand, daß sie ohne alle Erfahrung in derlei Dingen wußte: Wenn ich nachgebe, bringe ich ihn dazu, mich zu heiraten. Plötzlich jedoch machte es sie zornig, daß einer, der gar kein Verführer war und bisher nichts gewagt hatte, sie nun, in ihrer Zwangslage, verführen wollte. Ohne klar zu wissen, warum, ekelte ihr vor dem Aasfresser, der hinter dem Raubtier herzog, um die Reste abzunagen. Ihre Zurückweisung machte ihn so wütend, daß er sich vergaß und mit ihr zu schreien begann, und dadurch wurde die Gnädige herbeigelockt, und alles kam heraus. Aber herausgekommen wäre es früher oder später sowieso.

Sie wurde entlassen, mit einer Galgenfrist von acht Tagen.

Zuerst versuchte sie, den Zauberkünstler zu erreichen, aber er hatte nicht Zeit, sie anzuhören, die Vorstellung mußte gleich beginnen, und sie war nun einmal nicht imstande, einen Satz in drei Minuten zu formulieren und über die Lippen zu bringen. Zu dem Stelldichein, das er für den nächsten Tag vereinbarte, um sie loszuwerden, kam er nicht. Da sah sie ein, daß sie allein für sich sorgen mußte. Am nächsten Morgen verließ sie, vor Ablauf der Frist, entschlossen, sich sogleich in die Verzweiflungssituation des nicht mehr Umkehrbaren zu stürzen, das Haus und ging mit ihrem Bündel und dem Sparbuch fort. Sie fühlte Kräfte in sich wachsen, die ausreichten, um alles möglich zu machen, was nötig war.

Einen neuen Dienstplatz zu suchen hatte keinen Sinn; schon nach wenigen Monaten würde man es ihr ansehen und sie wieder hinauswerfen. Sie wanderte hinaus auf den windigen Bühel hinter den letzten Häusern des Stadtviertels und setzte sich dort ins Gras, wo man auf das spitz zulaufende Riesenzelt des Zirkus' hinabschauen konnte.

Sie dachte nach, und das dauerte lange, denn es war eine Beschäftigung, zu der sie sich bisher in der Fülle und Sicherheit des Lebens nie hatte bequemen müssen.

Die alte Budenbesitzerin kam aus der hölzernen Hütte heraus, in der sie den Sommer über Süßigkeiten und Erfrischungen verkaufte, und begann mit ihr zu sprechen. Solange der Zirkus dablieb, hielt sie ihr Geschäft bis spätnachts offen, denn nach der Vorstellung war noch auf Kunden zu rechnen. Auch Anna war mit ihrem Zauberer ein- oder zweimal hier heraufgestiegen. Zuerst hatten sie eine Flasche Bier bei der Alten getrunken, dann waren sie tiefer ins Gebüsch hineingewandert. Heute war sie zum erstenmal allein da. Die Alte machte sich ihren Reim darauf, und natürlich redete auch das Bündel mit Annas Habseligkeiten eine deutliche Sprache.

Nach einer Stunde war über Annas nächste Zukunft gut und vernünftig entschieden. Die Alte hatte eine kleine Wohnung, dort bezog Anna das feuchte Raumgeviert mit dem Kasten, dessen Tür schon damals schräg offenhing. Sie sollte künftig den Verkaufsstand führen, denn die Alte fühlte sich schon zu schwach, um das Geschäft allein zu betreiben. Solange sie noch zu leben hatte, sollte die Anna sie pflegen, danach würden ihr die Wohnung und das Geschäft vererbt.

Es war eine Art Leibrente, von der beide ihren Vorteil haben konnten.

Spätabends band sie ein frisches Kopftuch um und ging nochmals zum Zirkus, um den Zauberer zu informieren. Daß er sie heiraten würde, glaubte sie selbst nicht – ein so eleganter Mann und ein Zauberkünstler noch dazu! Eigentlich verstand sie nicht, wie sie überhaupt zu der Ehre gekommen war, von ihm in die Schande gebracht zu werden. Vermutlich hatte der Rest Dialektfärbung in seiner Sprache sie zusammengeführt: Es war derselbe Dialekt, den Anna unverfälscht redete. Vielleicht war's die verblaßte Erinnerung an ein Dorf mit zwei Reihen weißer Häuser und einer Reihe watschelnder Gänse den Bach entlang und an eine Frau in derben Schaftstiefeln, mit Barchentunterröcken und einem breiten, in der Sonne glühenden braunen Gesicht, die seine Mutter gewesen war in diesem Dorf, das wie Annas Heimatdorf im Burgenland lag. Vielleicht würde es ihn beeindrucken, wenn er erfuhr, wieviel sie sich erspart hatte und daß bereits für Dach und Bett und das nötigste Auskommen gesorgt war. Heiraten würde er sie wohl trotzdem nicht, aber doch die Vaterschaft nicht abstreiten, damit sie nicht dastehen mußte als eine, die nicht einmal weiß, von wem sie das Kind hat.

So rasch lernt man rechnen, so kurz ist der Weg vom Traum in die Wirklichkeit: ein Steg über den Abgrund der Not.

Schwerfällig holperten ihre Stiefel über die von vielen Füßen zertretene Zirkuswiese, aber – erschrocken flog die breite Hand in die Höhe, und sie schlug sich auf die Backe – das große Zelt war verschwunden. Im Schein von Fackeln und Feuern standen die bunten Wagen aufbruchbereit umher, Menschen schrien einander Kommandoworte zu, Seile wurden zusammengerollt, Lichter und Schatten hasteten über Pfähle, Zeltplanen und Käfige.

Halb hatte sie dergleichen erwartet. Ein Zirkus kann nicht ewig in derselben Stadt bleiben. Sie tastete sich zwischen unkenntlichen Kolossen und bizarren Gegenständen vorwärts, stolperte über eine Eisenkette, die vor ihren Füßen zu einem Pflock hin gespannt war, stieß sich beinahe eine Wagendeichsel in den Leib, griff Halt suchend um sich und bekam ein paar kantige Eisenstäbe zu fassen. Plötzlich standen zwei grüne Lichteraugen dicht vor ihr, stinkender Atem schlug ihr entgegen, und ein fauchendes Grollen hub an und steigerte sich zum wütenden Gebrüll. Sie ließ die Gitterstäbe los, als seien sie glühend, und schlug sich heftig, stumm vor Entsetzen, mit der flachen Hand auf Backe und Hals. Dann wurde ihr sekundenlang schwarz vor Augen, der Herzschlag stockte, und sie wäre fast ohnmächtig geworden.

Doch da tauchte der Zauberkünstler neben ihr auf und hob eine Laterne hoch, um zu sehen, wer sich zwischen den bereits auf die Fahrgestelle verladenen Raubtierzwingern zu schaffen machte. Knurrend verzog sich der Königstiger an die hintere Käfigwand. Sein Fell leuchtete im Lichtstrahl wunderbar schwarz und golden, und die weißlichen Reißzähne blinkten gefährlich. Zackig streifte sein Schatten an den Eisenstäben hinauf. Für Augenblicke schien die Welt ein unendlich schwarzes Gefängnis voll Furcht zu sein, über das die Tigerstreifen hintanzten, königlich und grausam wie goldene Peitschenhiebe.

Anna fühlte ein merkwürdiges Ziehen in den Kniekehlen, doch das rührte nicht allein vom Schreck her, denn in ihr Entsetzen mischte sich eine saugende, süße Schwäche, eine unbegreifliche Lust, die in Schwindelgefühl überging und sie in einen strudelnden Wirbel zog. Sie ließ sich auf einen Haufen Segeltuch niedersinken und blieb halb kauernd darauf liegen, unfähig, den Blick aus dem gräßlich grünen Tigerblick loszureißen.

Und wieder war's, diesmal bis zum Äußersten erfühlt, jener Augenblick der Selbstentfremdung, der ihr nun schon von ferne her bekannt war. Schwer und untätig lag sie da, ein halb in die Erde gesunkener Feldstein, mit ihrer steinern unbeweglichen Seele und einem Herzen wie Stein, voll Schwere und Leere, indes die Erde sich um sie her weiterdrehte.

Sein Zureden, daß der Tiger ja im Käfig sei und ihr nichts tun könne, rauschte ungehört und unverstanden an ihren Ohren vorüber. Die weiche Stimme wurde schließlich kalt und ungeduldig. Das brachte sie endlich zu sich, und sie erinnerte sich an ihr Leben, ihren Zustand, den Grund ihres Kommens, aber nur wie an ein gleichgültig irgendwo gelesenes fremdes Schicksal. Vielleicht hatten ihre Worte deshalb so gar keine Wirkung, sie plädierte nicht für sich selbst, sondern für eine gewisse Anna, die sie einst gekannt hatte. Er versprach, bald wiederzukommen, und dann wollten sie weitersehen.

Sie glaubte ihm kein Wort, aber es war ihr seltsam belanglos geworden. Sie war allein mit ihrem Schicksal, weit weg von ihm. Später war ihr oft, als sei etwas von dem Tiger auf sie übergegangen, und das verlieh ihr in den nächsten Jahren Kraft, sich zur Wehr zu setzen. Erst lernt man denken, dann lernt man kratzen. Die Demut, die stille, breite, reglos kniende, ländlich-östliche Dienstmädchendemut ihrer Jugend war wie weggeblasen und kam ihr nie wieder.

Sie versorgte die alte Frau, bei der sie nun wohnte, mit kargem Gerechtigkeitssinn, aber sie verstand es, ihr schon zu Lebzeiten die Wohnung, den Gewerbeschein und den zerlegbaren Verkaufsstand ganz abzuluchsen. Sie halste ihr auch das Kind, das sie zur Welt brachte, die kleine Mizzi, rücksichtslos auf, wenn sie selbst keine Zeit hatte. Sie stritt kalt und klug beherrscht mit der Alten, übervorteilte oder fütterte sie, je nach Laune. Es war eines jener Verhältnisse voll Kleinkrieg und Haß, voll notwendig geheuchelter Freundlichkeiten und unumgänglicher Opfer, wobei die Rollen des Stärkeren und des Unterlegenen ununterbrochen getauscht werden und die Position des jeweiligen Siegers benützt wird, durch kleine Demütigungen und Bosheiten Rache für gelegentliche Niederlagen zu nehmen. Denn Not lehrt nicht immer beten, sondern manchmal auch treten.

Etwa fünf Jahre später sah Anna eines Tages von ihrem erhöhten Platz in der Holzbude, zwischen einem Gurkenglas, der Käseglocke und ein paar fliegenverschmutzten Blechdosen voll Seidenzuckerln hindurchspähend, einen langen Zug buntgestrichener Zirkuswagen sich nähern und auf der großen Wiese am Fuß des Hügels haltmachen.

Die Mizzi war ein schönes Kind, mit dem feinen Gesicht ihres Vaters und seinen gestreckten Gliedmaßen – für eine Fünfjährige war sie erstaunlich groß und schmal gewachsen –, und dazu hatte sie die dichten, gekrausten Haare und frischen Lippen ihrer Mutter mitbekommen. Anna wußte, was sie wollte, als sie der Kleinen am Wochentag ein frischgestärktes Kleid und die weißen Sonntagsstrümpfe anzog und ihr die Zöpfe auflöste, damit das Haar sich wie eine schimmernde, lockige Mähne um das liebliche Gesicht ringeln konnte. Sie nahm das Kind an der Hand und schritt, mit ihren Stiefeln und Röcken wie die bäuerliche Kinderfrau eines verwöhnten, kleinen Engels anzusehen, neben der Mizzi her.

Der Zauberer erkannte sie sofort.

„Was willst du denn schon wieder?" fragte er gereizt, aber doch unsicher, weil er selbst einsah, daß man nach einer Wartezeit von fünf Jahren kein Recht hatte, „schon wieder" zu sagen.

Aber die Anna fertigte ihn kurz ab, und ihre Stimme ließ keinen Zweifel aufkommen an der absoluten Indifferenz ihrer Gefühle.

„Ich? Nichts." Kurze, verächtliche Pause. „Die da will ihren Vater einmal kennenlernen." Damit schob sie ihm resolut das Kind zu.

„Die ist aber hübsch!“ sagte er verblüfft.

Anna nickte zustimmend, als hätte sie genau das schon immer behauptet und sei eben im Begriff, es ihm zu beweisen. Und die Mizzi tat, wie ihr daheim eingetrichtert worden war: sie machte einen Schritt auf den fremden Mann zu, knickste artig, sah ihn mit ihrem süßesten Kinderblick an und sprach: „Grüß' Gott, Herr Vater!“

Die altmodisch ehrerbietige Formel und die Schönheit des Kindes taten ihre Wirkung. Als der Zirkus nach einigen Wochen weiterzog, nahm er die Mizzi mit. Ihr Vater hatte sich entschlossen, ihr eine höhere Erziehung zuteil werden zu lassen und ein Wunderkind aus ihr zu machen. Es folgte ein Leben voll harter, körperlicher Arbeit, mit Schlägen ab und zu, aber nicht mehr, als es daheim von der Mutter auch gegeben hatte. Ihre Gelenke wurden unterm strengen Training weich und biegsam, und sie versuchte sich furchtlos auf dem Seil und mit den Pferden, nicht anders als beim Tanzen. Aber ach, der Körper war willig, der Geist jedoch zu schwach, selbst für einen auf dem Können des Körpers aufgebauten Beruf: es fehlte ihr einfach an Geistesgegenwart. Sie hatte die langsame, steinern starre Auffassungsgabe ihrer Mutter geerbt, und wie bei den riesigen Tiergattungen, die ausgestorben sind, weil ihr Kopf zu weit fort von ihren Extremitäten war, erging es auch ihr: ehe sie begriff, daß eine Balancebewegung nötig war, fiel sie ins Netz, ehe sie erkannte, daß ein bunter Reifen oder eine Kugel auf sie zugeflogen kamen, rollten sie schon im Sand. „Lange Leitung“ nannte ihr Vater, der Zauberkünstler, diese Veranlagung.

Als sie für die Rolle einer goldlockigen Elfe, deren Schönheit und Grazie einer derben Clown-Nummer, als reizvoller Gegensatz, beim Publikum zum Erfolg verhalf, bereits mit acht Jahren zu groß geworden war, verlor der Vater jedes Interesse an ihr und schickte sie, mit etwas Geld versehen, wieder heim, damit sie die Schule besuchen konnte.

Auch die Schule brachte ihr die Freuden und Erfolge normaler Kinder nicht, so wenig ihr der Zirkus die glänzenden, mühsam errungenen Triumphe unbürgerlicher Geschöpfe hatte schenken können. Ihre Körpergröße fiel, weil ihre Mitschülerinnen ein bis zwei Jahre jünger waren als sie, doppelt auf und trug ihr viele Hänseleien ein. Einsam wie die Pappel auf der Wiese stand sie zwischen den anderen umher. Gespött von gewandter, städtischer Spitzzüngigkeit, zu deren vollem Verständnis ihr die Intelligenz fehlte, das sie aber dennoch schmerzlich erahnte, brandete Tag für Tag um ihre hohen Hüften, indes der arme dumme Kopf den Lehrstoff niemals wirklich bewältigte und in seiner traurigen Höhe bald einen Ausdruck aus Staunen und Beleidigtsein annahm, der sich ihr Leben lang nicht mehr daraus verlor. Einzig in der Turnstunde – die damals jedoch zu den unwichtigsten Nebenfächern gehörte – vermochte sie durch ihre akrobatische Gelenkigkeit die Bewunderung der anderen Kinder zu erringen. Daher trainierte sie freiwillig daheim weiter, um die einzige Begünstigung, die das Schicksal ihr verliehen hatte, nicht auch zu verlieren.

Als sie noch nicht zwölf war, begann sie bereits, den staunenden, traurigen Blick auf ihre stattlich gewachsene Mutter herunterschweifen zu lassen. Anna war durch schwere Arbeit breiter und gleichsam auch kürzer geworden, ihr Leib wirkte zusammengestaucht zur Form einer mächtigen Kiste, aber eine große Frau war sie noch immer.

Die alte Frau, von der sie Wohnung und Geschäft übernommen hatte, war gestorben, alles gehörte rechtmäßig der Anna, und sie fühlte sich verhältnismäßig reich. Aber nun war die Zeit der wirtschaftlichen Depression, und die vielen Arbeitslosen, die sich mit Schmalzbrot und einer Flasche Malzkaffee, mit Spielkarten und Flickzeug auf dem Hügel lagerten, indes ihre Kinder selbstgebaute Drachen steigen ließen, mit Fetzenbällen spielten oder rauften, konnten nur selten fünf Deka saure Zuckerln oder eine Wurstsemmel und eine Flasche Bier kaufen.

Der unersättliche Appetit der langen Mizzi begann ihre Mutter bis in den Traum zu verfolgen. Also schrieb sie eines Tages unter Assistenz des Pensionisten, der seinen Schrebergarten am Hang des Hügels hatte, einen Brief, der dem Zirkus nachreiste von Stadt zu Stadt, fast ein Jahr lang, ehe er endlich in die Hände des Zauberkünstlers gelangte. In diesem Brief meldete sie, die Mizzi sei groß und sehr hübsch geworden, und fragte, ob er sie jetzt beim Zirkus brauchen könne.

So kam es, daß die Mizzi bald darauf doch wieder beim Zirkus landete und einige Jahre später unter dem klangvollen Namen „Mona Belinda" in einer Nummer mit ihrem Vater auftrat, und zwar als zersägte Jungfrau, die bei jeder Vorstellung in ihrem flitterbesetzten Trikot in einen Kasten gelegt, durchgesägt und durch schwarze Magie wieder zusammengefügt wurde.

Über die Hügelkuppe mit dem freien Blick auf die große Wiese, Schrebergärten, Schutthalden und Siedlungshäuschen zur Linken und die Riesenkomplexe neuer Gemeindehäuser zur Rechten, und dahinter, als Abschluß gegen den Horizont, den waldigen Rücken des Lainzer Tier-Schutzgebiets blies allezeit der Wind. Es war kein scharfer Wind, auch kein Zephyr lyrischen Charakters, sondern der herbe, fröhliche, derbe Wind der Vorstadt, der Wind für die bloßfüßig hinter Drachen herjagenden Kinder, die immer hungrig und immer schmutzig waren. Dieser Wind war es auch, der Annas Wangen frühzeitig mit zahllosen dünnen, schwärzlichen Strichen überzog und ihre Haut austrocknete und tiefer bräunte, als solle sie schon zu Lebzeiten in den Zustand einer Mumie übergeführt werden. So sahen sie übrigens alle aus, die hier tagelang im Gras lagen, Karten spielten und auf bessere Zeiten warteten, im sinnlosen Zeithinbringen, in ihrer ungewollten Arbeitslosenfreiheit. Doch die Freiheit des Arbeitslosen ist nur ein unsichtbarer Käfig. Darin lungerten sie auf der windigen Graskuppe, die ihnen Natur und echte Menschenwirklichkeit ersetzen mußte, auf einem alten Mantel, eine Flasche Kaffee und Brot neben sich, indes ihre Kraft angepflockt an den Tatsachen zerrte und hinausbrechen wollte in etwas

Nützliches; bis der Wille allmählich ermüdete und sich stumpf dazulegte zu der schäbigen ruhenden Gestalt, nicht anders als hätte der Wind einen regendurchtränkten, knittrigen Fetzen Papier bei ihr angeweht. Und dann verlor der Wille allmählich die Muskeln, wie auch die Muskeln an ihren untätigen Armen dahinschwanden.

Sie sahen nicht viel anders aus als die Anna: früh vertrocknet, farblos; etwas hagerer in ihrer städtischen Armut als sie in ihrer ländlichen; ebenso verkniffen, schlau und entschlossen, nicht zu verhungern, aber nicht so stoisch, unbeweglich wie sie. Es rumorte manchmal unterirdisch, Murren erklang überall, wo sie in Massen beisammen standen. Diese Revoluzzer, die sich auflehnten, als glaubten sie nicht an das Unabwendbare, waren meist Neulinge in der Arbeitslosenfreiheit. In ihnen sprach sich das Leben noch kraftvoll deutlich aus als Zorn und als die Hoffnung, die im Zorn enthalten ist. Doch die Weisheit hält dem Leben ihr unerbittliches Wozu entgegen. Es ist besser, sagt sie, so wenig als möglich zu leben. Wer nicht an der Kette zerrt, ist nicht angepflockt. Er darf in Frieden verhungern. Kann er nicht diese kurze Zeit über stillhalten? Nur solange das Leben währt. Gleich ist es vorüber wie nie gewesen.

Der junge Hilfsarbeiter Josef Kutian gehörte nicht zu denen, die gesonnen waren, ihr Recht auf ein anderes, menschenwürdigeres Dasein mit Gewalt zu erzwingen. Das große Wozu hatte ihn auf die müden und sanften Schwingen genommen. Er glitt so dahin. Der Grad seiner Hoffnungslosigkeit hatte die Grenze der Weisheit fast erreicht, jene Grenze, an der die Anna reglos stand wie ein bemooster Feldstein, der die Äcker des lebendigen Zorns abgrenzt gegen jenes Brachland aus verhärteter Geduld mit ein paar höhnischen Disteln darauf.

An dem Tag, da Kutian ausgesteuert wurde und nicht einmal die Arbeitslosenunterstützung mehr zu erwarten hatte, vertrank er sein letztes Geld bei Annas Verkaufsstand. Ihr war es recht, solange er jede Flasche sofort bezahlte, ehe er sie zu dem Holztisch am Saum der Gebüsche trug. Nicht einmal den Einsatz für die erste Flasche kreditierte sie ihm, obwohl sie ihn von der Bude aus gut im Auge behalten konnte, wie er dort saß, mit aufgestützten Armen und nach vorn hängendem Kopf. Als er nichts mehr zu vertrinken hatte, der Rausch aber noch nicht ausreichte, ihn sein Elend vergessen zu lassen, fragte er sie, ob sie ihm eine Flasche Bier auf Kredit geben wolle.

„Nein", sagte Anna kurz. „Kredit kriegt keiner."

Er starrte sie aus trüben Augen an, doch er zügelte sein vages Verlangen, ihr die Hütte kurz und klein zu schlagen. Sie beobachtete ihn genau und erkannte, daß er gutmütig war.

„Sie können mir am Abend helfen, den Stand zusammenzulegen", sagte sie. „Ich mache Schluß für heuer, es ist schon zu kalt."

Er nickte zustimmend und bekam eine Wurstsemmel und eine Flasche Bier als Vorschuß für die Arbeit, dann schlief er bis zum Abend im kühlen Oktoberwind auf der Bank.

Anna ging ab und zu hinüber und betrachtete sein Gesicht, als suche sie einen schwierigen Text zu entschlüsseln, einen Vertragstext, in dem Hinterhalte und unerwartete Betrügereien zu vermuten wären. Es war ein grobes, aber kein böses Gesicht. Prüfend sah sie den dazugehörigen Körper an: die Beine waren sehr kurz und krumm, aber außerordentlich stämmig, die Schultern waren breit, und der Kopf saß sehr dicht darauf. Die mit den dürren Hälsen und großen Adamsäpfeln waren Geier, die mit den weichen, langen Hälsen waren Gänse, die mit dem gedrungenen Nacken waren gute Zugochsen. Sie prüfte seine Arme, wie man auf dem Viehmarkt den Wert eines Tieres schätzt. Sie waren dürr, aber die Gelenke knochig und knotig und sehnig.

Sie ging wieder zurück hinter das Verkaufspult und rechnete, wobei sie die Finger zu Hilfe nahm, die Finger der linken Hand für das Schlimme, das stets zu erwarten war, die Finger der rechten Hand für den geringen Nutzen, der sich möglicherweise herausschlagen ließ aus allem Schlimmen.

Den Sommer über genügten die Einkünfte des Verkaufsstandes knapp zum Leben, im Winter schickte die Mizzi ihrer Mutter regelmäßig etwas Geld. Manchmal legte der Zauberer einen Schein für Brennholz bei. Das alles reichte nicht für zwei. Aber man konnte hinter dem Haus Gemüse bauen, man konnte Erlaubnisscheine zum Reisigklauben bekommen, Beeren und Pilze sammeln und auf den Markt tragen, vor Weihnachten konnte man Christbäume stehlen, im Frühjahr Blumen verkaufen.

All dies konnte man nicht gut allein bewältigen, und schon gar nicht, wenn man ein Geschäft zu betreuen hatte. Sie kam endlich zu dem Schluß, ein Mann im Haus wäre nicht so übel.

Abends weckte sie Kutian und teilte ihm, während sie den Stand zusammenschlugen, das Ergebnis ihrer Berechnungen stückweise mit. Zwei Bedingungen stellte sie: daß er nicht trank und daß er sie in Ruhe ließ, denn sie „war nicht mehr neugierig". Er willigte ein. Für ihn bedeutete es sozialen Aufstieg, daß er nicht mehr im Asyl, sondern in dem feuchten Zimmer schlafen durfte, daß sie für ihn kochte und seinen Anzug ausbesserte. Er war ihr aufrichtig dankbar und zeigte sich willig und findig im Aufspüren neuer kleiner Einnahmequellen. Auch trank er wenig, eigentlich war er kein Säufer, sobald er keinen ernsthaften Grund hatte, sich nach erlösender Bewußtlosigkeit zu sehnen . . .

Jetzt war die Sonne hinter dem schief hängenden Dachfirst untergegangen, ein paarmal sprühten noch wäßrig gelbe Lichtbündel rings um den Schornstein auf wie die Spritzer eines zu scharfen Wasserstrahls vom Eisengatter des Brunnens, wenn man den vollen Eimer weghebt. Die Hauswand und der Gemüsegarten lagen im Schatten. Asche schien über die bunten Farben zu fallen.

Die alte Anna erhob sich von der Bank und ging ins Haus. Unter der Einfahrt drehte sie sich nochmals gewohnheitsmäßig um und prüfte, ob sie etwas vergessen hätte, einen Rechen oder die Unkrautharke.

Die Kürbisblüte hatte sich zugefaltet für die Nacht.

Ein ausgerenkter Fuß oder ein ausgerenktes Leben, es renkt sich alles wieder ein, empfand sie. Leben – überhaupt Leben ... Es regte sich auf und flimmerte und veränderte sich voll Wichtigtuerei, es zog vorbei wie ein Zirkus, alles zog so vorbei, bunte Wagen, Rübenfelder, Drachen im Septemberwind, Arbeitslosigkeit und wieder Arbeit, volle Bierflaschen und leere Bierflaschen ...

Sie stand wie ein Stein, leer und schwer, und sehr weitab von Glück und Schmerzen und dem ganzen Zirkus.

Wieder hupte fern der Rettungswagen. Er hielt vor dem Altersheim am Ende der Straße. Aus dem weißlackierten Kasten mit dem roten Kreuz darauf wurde eine Bahre geschoben. Daran war etwas angeschnallt, aber es war etwas so Dürftiges und Dünnes, schon gar nicht mehr recht Körperliches. Nur die von Übermüdung getrübten Augen voll kreatürlicher Angst und menschlicher Ergebenheit ließen erkennen, wie lebendig das Empfinden noch war in diesem geschrumpften Bündel Ausschuß aus dem großen Materiallager der Natur.

Wir kommen auch dran, dachte Anna. Alle kommen dran. Und es befriedigte sie wie ihre ureigenste, heimliche Rache: als sei erst dadurch, daß die alte Anna das Sterbenmüssen zustimmend und nickend akzeptierte, auch der Tod aller anderen gewährleistet, der Armen wie der Reichen, der Leidenden und der Glücklichen.

Die Großmutter, wie Kutian die Anna bereits familiär nannte, war damals nicht daheim gewesen, sie war mit dem Blumenkorb unterwegs von Kaffeehaus zu Kaffeehaus. Es war Frühling.

Als es klopfte, öffnete Kutian die Tür. Draußen stand eine fremde Dame.

Die Mizzi mußte sich bücken, als sie die Küche betrat, und danach richtete sie sich wieder auf, und Kutian mußte zu ihr emporblicken. Er blieb sprachlos vor ihr stehen. So etwas hatte er noch nicht gesehen: diese fabelhafte Länge, das seidige, in lauter steife runde Kringel gedrehte Haar, die gepuderte zarte Haut und das Kleid, bunter und tiefer ausgeschnitten, als er es gewohnt war in seiner Umgebung. Ihm war, als hätte ein überirdisches Wesen die ärmliche Küche betreten und alles ringsum verblaßte zu elendsgrauer Schäbigkeit.

Ihre Wange wies ein großes rotes Mal auf, das sich über den Hals in den Ausschnitt hinabzog und als schmale Feuerschlange zwischen ihren hohen Brüsten verschwand. Unwillkürlich folgte sein Blick den kleinen, flinken Windungen dieser Schlange immer wieder, so weit sie zu sehen waren, um sich dann verwirrt abzuwenden, denn Frechheit oder indezentes Anstarren war durchaus nicht Kutians Sache, der bisher noch nie sorglos genug gelebt hatte, um sich viel nach Frauen umsehen zu können.

Wenn einer nie etwas über die magere, graue Notwendigkeit hinaus bekommen hat und das Schicksal hält ihm plötzlich etwas so vollkommen Unnötiges und Zweckfremdes hin: eine zwei Meter große Frau, viel mehr Frau als man zum Leben und Lieben braucht, ungewöhnliche Schönheit und gleich zwei Meter davon, überdies eine Narbe, die keine andere trägt, einen einmaligen Orden des Schicksals, dessen Herkunft und Bedeutung unerklärlich scheinen – muß dann ein solcher Mensch nicht den Kopf verlieren, der nur mühselig Nützlichkeiten addieren gelernt hat, aber die Multiplikationen der Schönheit und die Potenzen des Unmäßigen nicht begreifen kann?

Sie war die erste Frau, von der er die Augen nicht wenden konnte, sie setzte ihn maßlos in Erstaunen. Es gab nur zwei Betrachtungsweisen für dieses weibliche Phänomen: den ehrfürchtig gehemmten Aufblick zu ihr und danach, wie hypnotisiert, das tastende Abwärtswandern die rote Narbe entlang bis zu den Brüsten; und: wenn sie ihm den Rücken kehrte, strebten seine Blicke in umgekehrter Richtung, an den hohen Knöcheln aufwärts, liederlich streichend wie ein streunender Tunichtgut, bis in die Kniekehlen. Und von da, sobald sie sich bückte, was bei ihrer

Länge oft nötig war, noch ein kurzes Stück höher, bis an den hinaufsteigenden Rocksaum; nie bis zur Mitte des Körpers, denn der Weg vom Boden bis zu den halben Schenkeln war lang genug und von unzüchtiger, erschreckender Pracht.

Mit einem Wort, für Kutian war die Mizzi wieder Mona Belinda, die zersägte, in zwei Hälften geteilte Jungfrau. Er konnte sie nicht mit einem einzigen Blick von oben bis unten umfangen, sie überschritt jedes Maß, jedes Blickfeld des Menschlichen. Er sah nur entweder Kopf und Brüste wie die wächsernen Schaufensterpuppen der Friseure oder das trainierte, elegante Beingestell. Das Stück dazwischen, um dessentwillen Männer im allgemeinen den Frauen je nach Anlage ins Gesicht oder nach den Beinen sehen, blieb für Kutian tabu.

Er wagte selbst dann noch nicht hinzusehen, als die blinde Triebkraft der Natur im Dunkel der Nächte, weiß Gott wie, ihren immer gleichen Zweck durchgesetzt hatte und es gekommen war, wie es zu kommen pflegt, sobald ein Mann und eine Frau in einer zu engen Wohnung fast auf Hautnähe beisammen leben müssen.

Die schöne Mizzi zu besitzen, das war Schändung. Und daß ein so kleiner, krummbeiniger Kerl diese Göttin ungestraft schänden durfte, verschaffte ihm einen unzüchtigen Genuß, aber er wagte nicht, sich bei dieser Sünde selbst zuzusehen. Er wagte bei Tag kaum, mit ihr zu sprechen, und blieb nach wie vor der minderwertige, zufällige Bettgeher, der Dieb, der sich in den Vorraum des Tempels eingeschlichen hatte, um bei Nacht seine Scheinsiege über die heilige Statue auszukosten.

Und nachdem das alles so gekommen war, konnte auch die Mona Belinda von einst es der Mizzi von heute nicht verzeihen. Langsam, wie immer viel zu langsam – nachträglich erst kam es ihr wohl nicht klar zu Bewußtsein, aber ahnungsvoll verschwommen stieg in die flachen, wie Weiher dahinträumenden Seelenmulden ein garstiges Gefühl, morastiges Grundwasser voll widerlichen Gewimmels. Und sie empfand ihr derzeitiges Leben als Sumpf.

Langsam, wochenlang wiederkäuend, holte sie das Vergangene aus diesem Sumpf hervor:

Liebe, rotes Wagnis, herrliche Gefahr, aufgefressen zu werden.

Ehe, Degradierung, als rettender Hafen gegen das Unmäßige.

Und nun Prostitution. Weder Leidenschaft noch Vernunft waren bei dieser wahllosen Notdurft zugegen gewesen.

Und da begann sie, sich an Kutian zu rächen. Als er sie einmal nach der Herkunft ihrer seltsamen Narbe zu fragen wagte, antwortete sie: „Es hat mich einer angefallen. Ich wollte nicht, aber er war stärker als ich . . .“, und ihr Blick ließ keinen Zweifel darüber, daß Gewalttat und Grausamkeit dieses Stärkeren ihr noch heute mehr bedeuteten als Kutians Zärtlichkeiten.

„Willst du so ein Leben haben wie ich?“ fragte Anna, als sie bemerkte, daß der Mizzi Leib sich mütterlich zu runden begann. Die Mizzi schien kaum zuzuhören, sie war in letzter Zeit öfters geistesabwesend, aber jedenfalls widersprach sie nicht, als die Alte fortfuhr: „Am besten heiratest du den Kutian.“

Dann stellte sie Kutian zur Rede.

„Es ist gar nicht von mir“, versuchte er aufzumucken. „Wahrscheinlich ist es von dem, von dem sie die Narbe hat.“

„Die Narbe? Die Narbe hat sie, weil ich mich erschreckt habe, als ich schwanger war. Ich habe mich versehen und mich dabei auf die Backe und den Hals geschlagen, dort hat sie schon bei ihrer Geburt das Feuermal gehabt.“

„Sie hat mir selbst gesagt, daß sie einer überfallen hat und . . .“ Es gärte in ihm, und er wünschte die Wut seiner unterdrückten Eifersucht an der Mizzi auszulassen.

„Wenn Sie sie nicht heiraten wollen, können Sie gehen“, sagte Anna ungerührt. Es war Lüge und Erpressung, aber ihrer Erfahrung nach erreichte man damit mehr als mit Aufrichtigkeit und Sanftmut.

Das Lainzer Tierschutzgebiet ist eigentlich ein Stück freie Landschaft, ein Hügelrücken mit Wäldern, Wiesen und

Waldwegen, zwar von einer Mauer umgeben, deren Tore abends gesperrt werden, aber doch groß genug als Ausflugsgelände. Verirren kann man sich darin nicht, die Wege sind markiert. An Sonntagen sind sie von Touristen überschwemmt, doch an Wochentagen ist es dort ganz still, und wenn man gemächlich die einsamen Waldpfade entlangschlendert, kann es geschehen, daß plötzlich, mit lautem Aufrauschen des Gesträuchs, mächtig und gekrönt der Hirsch vorüberbraust. Oder man verhält den Schritt am Saum einer Lichtung und steht vor einem jungen Rehbock mit der feinen Geweihkrone über der unendlich preziös getragenen, sanften und hochmütigen Stirn. Der Bock erstarrt und wendet sich mit schnupperndem Schnäuzlein ab von dem groben, lauten, anrüchigen Menschengetüm, aber wirkliche Angst hat er nicht, denn er weiß sich geschützt. Langsam und abweisend verschwindet er im Gehölz, und man meint die Stimme aus dem Märchen klingen zu hören: „Wer aus mir trinkt, der wird ein Reh . . .“

Aber eher könnten Rehe sogar zu Engeln werden als der krummbeinige, von der Last des Daseins knotig zusammengestauchte Körper am Rand der Lichtung zu einem Reh, einem Geschöpf von solcher Leichtigkeit und seidigen Unnahbarkeit.

Übrigens wußte der Unhold am Waldrand die Schönheit des Tieres nicht zu schätzen, er dachte einzig daran, wie schade es war, daß man hier keine Falle aufstellen konnte, weil ununterbrochen Heger mit ihren Fahrrädern das Terrain umkreisten.

Kutian lief das Wasser im Mund zusammen beim Gedanken an einen gespickten Rehbraten mit Saft. Er wüßte wohl aus Draht eine brauchbare Schlinge zu machen, aber ein Reh war zu groß. Ein junges Wildschweinferkel konnte man wohl unterm Mantel verbergen und an einer bestimmten Stelle über die Mauer werfen, um sodann bieder beim Haupttor hinauszuspazieren und sich die Beute später unbemerkt zu holen. Freilich durfte man da keine gewöhnliche Drahtschlinge verwenden, sondern ein richtiges Schnappeisen, das tödlich zufiel, denn die Ferkel hatten durchdringende Stimmen, und wenn eines zu quietschen begann, preschte das ganze Rudel mit Gequiek und Grunzen davon, und das dumpfe Trobtrobtrob der kurzen, geraden Pflockfüße auf dem Waldboden alarmierte die Aufseher, die mit ihren Fahrrädern rascher hier waren, als man dem gefangenen Tier die Kehle durchschneiden, die kostbare Falle verbergen und sich aus dem Staub machen konnte.

Die Gefangenschaft der Tiere hier war leicht, die Freiheit des Menschen hingegen, diese fragwürdige Freiheit, unbehelligt verhungern zu dürfen, war mühsam. Es gab eben zu viele Menschen, viel mehr als die seltener werdenden Tiere. Menschen waren keine Rarität, zumindest solche Menschen wie Kutian: das war nichts Rares.

Dieser Gedanke führte ihn wieder auf das Elend seines Lebens zurück. Die Mizzi begann sich rar zu machen. Sie wollte ihn nicht mehr. Das brachte ihn in Wut, besonders weil er nie den Mut fand, Gewalt gegen sie anzuwenden. Man müßte diese überlange Kühläugige mit ihrem weißen, hochfahrenden Fleisch in einer Drahtschlinge fangen, so daß sie sich nicht mehr wehren könnte, weil sie sich dabei selbst erdrosseln würde, und dann – und dann ...!

Seine Augen glitzerten. Mit vor Begierde zitternden, aber vor grausamem Willen behutsam zufassenden Händen richtete er die tödliche Falle auf im Gestrüpp des Wildschweinwechsels und legte sich auf die Lauer. Er hatte diese Falle auf dem Lagerplatz des Alteisenhändlers gestohlen, sie entrostet und repariert. Für seine Zwecke war sie eigentlich viel zu groß.

Aber er verstand zu wenig vom Wildern und von der Fallenstellerei. Die Tiere schienen ihn zu wittern oder durch sonst etwas gewarnt zu sein, sie kamen von fern durchs Unterholz herangetrabt, man meinte schon ihr Geschnüffel zu vernehmen, da war es plötzlich still, und dann wendeten sie sich einer anderen Richtung zu. Kutian befürchtete schließlich, die Waldhüter könnten auf ihrer Runde hier vorbeikommen und ihn verdächtig finden. Leute seines

Schlages waren Leuten ihrer Art stets verdächtig. Er entschloß sich, fortzugehen und nach zwei Stunden nochmals zurückzukehren. Aber als er zurückkam, stand eben einer der Wildheger ganz nahe der Stelle auf dem Weg herum, und so ging Kutian langsam weiter. Er spürte, daß der Heger ihm nachblickte, und kaum hatte er hundert bieder lustwandelnde Schritte getan, wurde er von dem Mann auf dem Rad überholt. Der fuhr ihm vor bis zur Schneise, dort kehrte er um und fuhr zurück, wobei er ihm einen scharfen Blick zuwarf.

War sein Schnappeisen etwa schon entdeckt worden? Kutian bekam Angst und machte sich ärgerlich davon.

Als er am nächsten Tag den Platz wieder aufsuchte, war von der Falle nichts zu sehen. Entweder war sie schon entdeckt und fortgeschafft worden oder er hatte sich den Ort doch nicht genügend eingeprägt. Vielleicht hockte auch hier im Dickicht irgendwo ein verborgener Wächter, um ihn auf frischer Tat zu ertappen. Kutian zog einen Papierbecher heraus und durchstreifte unter dem Vorwand, Erdbeeren zu suchen, die Umgebung. Doch je öfter er vermeinte, die richtige Stelle nun gefunden zu haben, desto fragwürdiger wurde ihm sein Orientierungssinn, und schließlich mußte er es aufgeben. Die Falle, die er mit so viel List gestohlen und geschickt wieder in Ordnung gebracht hatte, war weg.

Mit ihrer Hilfe würde vielleicht bald ein anderer seinen Tisch mit guten Bissen decken. Das erbitterte Kutian furchtbar, doch an weitere Konsequenzen dachte er noch nicht.

Der Junge war fünf Jahre alt geworden und hatte, den geringen Kräften entsprechend, seine Streifzüge noch nicht weit über die nähere Umgebung ausgedehnt. Den Tiergarten hatte er damals noch nicht entdeckt. Die Großmutter nahm ihn seit einiger Zeit immer mit auf den Hügel, wo sie ihn vom Verkaufsstand aus im Auge behalten konnte.

An diesem Tag hatte er jedoch eine günstige Gelegenheit ergriffen, um nach Hause zu laufen, aus purem Eigensinn:

Er hatte daheimbleiben und seine Mutter durch unaufhörliches, weinerliches Quengeln dazu pressen wollen, mit ihm zu spielen. Die Mutter war krank, wie so oft in letzter Zeit. Krank, das hieß, sie lag in einer seltsamen Apathie im Bett und reagierte weder auf das Schelten noch auf die Bitten der Großmutter. In solchen Zuständen war der Vater für sie nichts weiter als eine von ihrem billigen Mechanismus zum holpernden Herumhopsen gebrachte Zielscheibe, wie man sie in Schieß- und Wurfbuden sieht. Wortlos schoß sie ab und zu aus ihren kreisrunden Augen einen Blick auf ihn ab, worauf die Zielscheibe gebannt stillstand, umkippte, zu jammern begann oder sogar aus der Haltlosigkeit des trunkenen Zustands heraus in Tränen ausbrach, um sodann mit einem letzten ersterbenden Gerassel wieder zu verstummen. Nicht umsonst hatte die Mutter ihn wiederholt als „Schießbudenfigur" bezeichnet. Kaum hatte sie sich dieserart Ruhe verschafft, verfiel sie wieder in Apathie. Ihr Blick schweifte von Kutian ab, etwas Weiches und Schwimmendes kam in ihr Gesicht, und sie versank in sich selbst. Worauf Kutian neuerlich mit leeren Flaschen zu rumoren begann, laut fluchte und ihr herausfordernde Blicke zuwarf. Wenn sie ihn nicht zur Kenntnis nahm, richtete er in herrischem Ton Fragen an sie: Ob sie verrückt wäre?! Ob sie ihn für einen Trottel hielte?! Lauter Fragen, die eigentlich ein Rufzeichen am Schluß erfordert hätten, aber, weil ihn im letzten Augenblick der Mut verließ, noch rasch mit einem demütig abschwächenden Fragezeichen versehen wurden. Wäre es nach Kutian gegangen, er hätte sie angeschrien, vielleicht sogar geschlagen. Es ging aber nicht nach Kutian. Das wußte jeder im Haus.

Der kleine Josef begriff von dem, worum es zwischen den beiden ging, nur soviel: Der Vater hatte Angst vor der Mutter. Und weil er seinem Vater diese üble Position von Herzen gönnte, liebte er seine Mutter in solchen Augenblicken ganz besonders. Er drängelte sich an sie heran, quengelte herum und führte dem Vater vor, wieviel mehr sich die Mutter von ihm gefallen ließ, denn in ihrer Gegenwart wagte der Vater nicht, ihn zu schlagen.

Meist endete die Szene damit, daß Kutian wütend fortging, um sich irgendwo zu betrinken. Dann pflegte der Junge an das Bett der Mutter heranzuschleichen. Er drückte den rachitischen Kinderbauch an die Bettkante, schmollte, bettelte, begehrte ungeduldig auf oder zupfte sie am Haar. Im Grunde sprach aus diesen Ungezogenheiten und aus der penetranten Zudringlichkeit seiner Werbung die tiefste und trostloseste Einsamkeit, und sosehr er sonst, und allen anderen gegenüber, sein Recht auf diese Einsamkeit geltend machte – wie auf einen Besitz, den er nicht schmälern lassen wollte von ihrer Neugier und Zudringlichkeit –, hier, vor seiner immer tiefer in eine weiße Leere entrückten Mutter, fühlte er: ihre Teilnahmslosigkeit war wie ein beschneiter Gipfel über grünem Lande einsam, seine Einsamkeit hingegen war kein Vorrecht und kein Besitz, sondern eine Last aus stumpfem, trostlosem Schwarz. So scharf stand die weiße Einsamkeit der Kranken, die niemanden liebte, gegen die schwarze Einsamkeit dessen, der von niemandem geliebt wurde.

Im allgemeinen verachtete er die gelegentliche Güte der Erwachsenen, die sich gebärdeten, als erwiesen sie ihm damit eine Gnade. Nach der Güte seiner Mutter jedoch gierte er. Jedes Wort, jeden Blick von ihr sog er dürstend ein, und wenn sie mit ihm zu spielen geruhte, verfiel er in eine Art Raserei der Übertreibungssucht, er kreischte und machte sich zum Clown, so sehr wünschte er ihr zu gefallen und diese verhaßte weiße Mauer zu durchbrechen, die sie ihm mehr und mehr entzog. Er hatte das durchaus richtige Empfinden, daß sie allmählich einfror, und verdoppelte seine hektischen Anstrengungen, sie wieder aus sich herauszulocken, was ihm, als einzigem, manchmal für kurze Zeit gelang.

Zwar verjagte ihn die Großmutter noch eifriger als sein eifersüchtiger Vater, denn sie glaubte, die Mutter sei krank und brauche Ruhe, aber er wußte es besser: sie war gar nicht krank, sie hatte kein Fieber wie er, wenn er, selten genug, krank war; im Gegenteil, sie wurde immer kälter.

Nur störrisch hatte er sich an diesem Tag von der Alten auf den Hügel mitschleppen lassen, war ihr jedoch bald wieder entwischt und trabte nun langsam über die Betonvierecke des Trottoirs, zwischen den monotonen, reinlichen Neubauhäusern und den rundköpfig beschnittenen Ahornbäumen heimwärts. Die Hitze machte lähmend müde, aber wie alle, denen Mühe und Plage früh selbstverständlich geworden sind, unterwarf sich schon der Fünfjährige stoisch dem Druck der vorgewitterlichen Hitze, den Bissen der Fliegen, dem Stechen der Sonne und dem dumpfen Schmerz der Müdigkeit in den Fußgelenken, unterwarf sich, indem er mit ganz gleichmäßiger Schnelligkeit gedankenlos vorwärts trabte. Solange man nicht daran dachte, waren Müdigkeit, Plage, Hitze, Hunger oder Frost kaum zu spüren, man mußte sich nur jeglicher Ruhepause enthalten, die den Unterschied gemacht hätte, und durfte im Tempo nicht nachlassen, sonst zog sich der Weg endlos.

Erst als er die kühle Einfahrt betrat, blieb er stehen, wischte sich den Schweiß vom Gesicht und rieb die staubigen Zehen abwechselnd an den Knöcheln des anderen Fußes. Am Ende der Einfahrt stand der Torflügel halb offen, und man sah in dem viereckigen Ausschnitt wie auf einer Bühne grell und künstlich aufgeschminkt die Farbenpracht des Gartens. Ein hinter Glas aufbewahrtes, entrücktes Paradies schien von dort hereinzuleuchten. Sekundenlang war dem Jungen, als hätte er fest geschlafen und wäre nun mit benommenem Kopf aus der Hitze brauender Träume erwacht: der Garten dort hinten glühte so unwirklich. In der tonnenhaften Wölbung der kühlen Einfahrt meinte er das Häkeln der Spinnen an ihren Geweben zu vernehmen, so still war es hier. Und er stand da, klein, verloren und leer.

Plötzlich fürchtete er sich, als sähe ihn von irgendwoher etwas lauernd an, etwas Großes, Schwarzes, mit offenem Mund. Jetzt spürte er es hinter seinem Rücken: Es hauchte ihn lautlos an, daß sich die Haare im Nacken sträubten. Knisternd kroch das Sträuben höher bis zur Mitte des Scheitels, die Kopfhaut spannte sich eiskalt und war ihm plötzlich zu eng.

Er flüchtete in den lichtlosen Zwischenraum vor der Wohnungstür und schmetterte das eiserne Tor hinter sich zu, damit das Schwarze mit dem weit offenen Mund nicht hinter ihm hereinkonnte, aber die Tür machte bäng, und dann erhob sie ein langgedehntes, irres Knauern und sprang ganz langsam wieder auf.

Wie gejagt stürzte er in die Küche und von da mit einem Satz ins Zimmer – und dort erstarrte er vor Staunen, denn nach dem Grauen kam das unverständlich Wunderbare, wie im Märchen:

Auf dem Bett lag die Mutter, in dem strahlenden Weiß ihres bloßen Fleisches hingestreckt. Die langen, hellen Beine hingen lose gekreuzt seitlich über die Bettkante, ihre Zehennägel glänzten rot. Sie hatte nichts an als ein Höschen aus silbernen Blättern und einen ebensolchen Büstenhalter. Der linke Arm war am Ellbogen aufgestützt und trug die grazile Länge des aufgerichteten Oberkörpers. Ihr Blick hatte zugleich etwas tief Ermüdetes und etwas hemmungslos Wildes, und ihre Narbe war rötlich durchblutet wie immer, wenn sie sehr erregt war. In der einen Hand hielt sie einen roten Apfel, den sie mit einem ganz ungewohnten Ausdruck betrachtete: ihre Augen leuchteten in einem prächtigen Wahnsinn.

„Mutter!“ flüsterte der Junge bang. „Mutter – spielst du mit mir, Mutter?“

Sie schien ihn nicht zu bemerken, sie wendete keinen Blick von dem Apfel. Aber nach einer Weile bewegte sie murmelnd die Lippen.

„Tiger“, sagte sie, und dann immer rascher werdend: „Tiger, Tiger, Tigertigertiger . . .“

Plötzlich schleuderte sie den Apfel heftig in die Richtung, wo der Junge stand. Er griff in die Luft, denn nun war es klar, daß dies ein neues Spiel war, eine Art Ballspiel, jedoch er verfehlte den Apfel und sauste auf allen vieren hinterdrein unter das zweite Bett. Dort packte er den Apfel mit den Zähnen, um ihn für sie zu apportieren wie ein Hund. Und darüber lachte sie, die fast nie lachen konnte, weil sie, zu schwerfällig für das Rasche der Komik, meist im Anfangsstadium des Gelächters, der Verblüffung nämlich, steckenblieb. Sie lachte klirrend und schreiend.

„Tiger!" schrie sie vergnügt. „Mein kleiner Tiger, komm, spring mich an und beiß mich!"

Er geriet vor Glück aus der Fassung, sprang ihr mit einem Satz auf den Bauch, so daß er sie rittlings zwischen den Knien hielt, ließ den Apfel fallen und warf die Arme um ihren Hals. Mit der gestauten Liebebedürftigkeit, mit der grausamen Leidenschaftlichkeit vernachlässigter Seelen fiel er über sie her, mit Küssen und Bissen und stammelndem Übermut.

„Mein kleiner Königstiger", flüsterte sie zärtlich und drückte ihn an sich, und zuletzt rollte er sich wohlig an ihrer Brust zusammen und schlief.

Als aber die Großmutter heimkam und sich dem Bett näherte, begann die Mizzi zu fauchen und zu toben und irre Laute auszustoßen, und die Krankenwärter, die sie schließlich abholten, brauchten ihre ganze Kraft und Geschicklichkeit, um den Jungen unversehrt aus ihren Armen zu winden und sie in die Zwangsjacke zu stecken.

Nachdem ihm die Mizzi entschwunden war, um hinter Gittern in der Zelle ein ganz unbekanntes, geheimnisvolles Leben für sich zu führen, allein mit Gedanken, Gefühlen, Erinnerungen, zu denen seine ohnmächtige Eifersucht keinen Zutritt bekam, trank Kutian täglich.

Er argwöhnte, daß der Wahnsinn, der sie befallen hatte, auf irgendeine Weise mit dem unbekannten Rivalen etwas zu tun hatte, von dem ihre Narbe stammte. Die Narbe und vielleicht auch das Kind. Zu dem war sie zurückgekehrt, den hatte sie bei sich im Narrenhaus, von ihm waren ihre Nächte erfüllt, um ihn kreisten ihre seltsamen Träume.

Kutian aber, diese Randfigur tief unten im Bodensatz ihres außerordentlichen Schicksals, krabbelte vergeblich wie ein Mistkäfer an ihren Beinen hinauf bis in die Kniekehlen. Weiter kam er nicht einmal in der Phantasie, immer wieder streifte sie ihn mit lässiger Handbewegung ab und ließ ihn hilflos zappelnd auf dem Rücken liegen. Wenn er sie im Krankenhaus besuchte, erkannte sie ihn nicht einmal, gleichgültig wanderte ihr Blick über ihn hinweg.

Nur den kleinen Josef erkannte sie meistens sofort.

Im Zimmer summte die sonntägliche Vormittagsstille. Von der Frau, die im Korbstuhl auf der Terrasse saß, sah man nur die schlanken, gutgeformten Beine und einen Streifen des geblümten Morgenrocks, alles übrige war von der Zeitung verdeckt, die sie, die Ellbogen auf die Seitenlehnen des Stuhls aufgestützt, mit beiden Händen vor sich hinhielt. Ihre Fingernägel griffen wie adrette Wäscheklammern aus Kunststoff rechts und links in gleicher Höhe über den Zeitungsrand und hielten das Papier in der Schwebe. Sie waren mattrosa, tadellos manikürt und nicht allzu lang. Der obere Rand der Zeitung bebte ab und zu kaum sichtbar. Daran merkte man, daß sie, die seit einer halben Stunde wortlos und ohne sich zu bewegen dasaß, hinter ihrer Zeitung noch lebendig war.

Als er den Hut vom Tisch aufnahm, senkte sie die Zeitung ein wenig, nur soviel nötig war, damit ihre grauen Augen, mit dem etwas starren Blick der Kurzsichtigen, über den weißen Rand hinwegsehen konnten. Ihm war in diesem Augenblick, als hielte sie, seit er sie kannte, stets irgendeine papierene Attrappe, mit gängigen Phrasen bedruckt, vor sich hin, um nur ab und zu einen wachsamen Blick darüber hinweg auf ihn zu werfen. Sie erinnerte ihn an seine Mutter. Sooft er heimlich und stillvergnügt etwas tun wollte, etwa ohne zu fragen einen Pfirsich von der Obstschüssel auf der Kredenz nehmen, hatte er sogleich die Augen seiner Mutter auf sich ruhen gefühlt, so vertieft sie auch in Plauderei oder Handarbeit sein mochte. Und dann kam es – nicht das Verbot, keineswegs – nur dieses unvermeidliche Einem-die-Freude-Verderben durch einschränkende Vorschriften: „Aber zuerst waschen!“

So auch Melitta. Ihr Blick drückte zwar flüchtig Mißfallen aus, weil er im Begriff war, auszugehen, ohne ihr zu sagen, wohin, oder sie zum Mitkommen aufzufordern, doch es erfolgte kein Verbot. „Aber um Punkt eins wieder da sein zum Essen!“ sagte sie nur und verschwand wieder hinter der bedruckten Seite.

Unsicher ging er hinaus und blieb vor der Garage stehen. Er hatte eine Spazierfahrt machen wollen, doch sie hatte ihm die Freude verdorben. Er legte die Hände auf dem Rücken zusammen, eine Haltung, die eigentlich unbequem war, weil man dabei den Bauch vorschieben mußte, die er sich jedoch unbewußt von seinem Chef angewöhnt hatte, und marschierte die Straße hinunter wie ein alter Professor, der sich vor dem Essen noch ein wenig Bewegung machen will. Unwillkürlich schlug er den Weg zum Hintereingang des Schloßparks ein, schlenderte zwischen exotischen Bäumen und Sträuchern dahin, las ab und zu zerstreut eines der lateinisch beschriebenen Namenstäfelchen und landete vor dem Tiergarten.

Die Flamingos blühten wie rosaweiße Federnelkensträuße über dem seichten, mit Beton gefaßten Tümpel. Schwarze Schwäne, königliche Trauerfregatten, segelten vorüber. Das Gekreisch der Papageien, deren Käfige man ins Freie gehängt hatte, reizte ihn wie eine boshafte Belästigung. Rascher strebte er an den Volièren vorbei, den Raubtierzwingern zu.

Er fand den Wärter auf einem hölzernen Schemel vor seiner Wohnung sitzen. Auch er hatte die Sonntagszeitung vor sich, aber ohne darin zu lesen, sie hing lose, halb zugefaltet, in seiner Linken, und seine Blicke schweiften behaglich darüber hinweg auf die bunte Menge. Er erkannte den Doktor sofort und stand höflich auf, als der vor ihm stehenblieb und zu einem kurzen Gespräch geneigt schien, das unversehens länger wurde, denn zwischen den beiden etwa gleichaltrigen Männern entstand über soziale und geistige Verschiedenheiten hinweg schon nach wenigen Sätzen jene unausgesprochene Sympathie, die es fast nur zwischen Männern gibt: das Gefühl angenehmer Partnerschaft, in respektvollem Abstand von jeder Vertraulichkeit, weitab jener Grenze, hinter der Freundschaften und Feindschaften möglich sind.

Das beschauliche Gespräch mit vielen Pausen dazwischen wurde fortgesetzt, indes sie gemeinsam durch die Alleen wanderten, denn der Wärter mußte seinen Rundgang machen, und der Doktor sagte nun tatsächlich, er habe sich ohnedies vor dem Essen noch etwas Bewegung machen wollen und begleitete ihn. Er erkundigte sich nach dem kleinen Kutian und verbreitete sich dann ausführlich über die desolaten Eindrücke, die er im Heim des Knaben empfangen hatte.

„Ein Milieu!“ sagte er kopfschüttelnd und ärgerte sich, weil er damit einen für Melitta typischen Ausdruck und Tonfall an sich wahrnahm. „Schauderhafte soziale Verhältnisse“, setzte er daher mit eigenen Worten fort. „Was soll aus so einem Kind werden?“

„Er ist schwer dressierbar, das schon“, sagte der Wärter. „Aber für die Arbeit hier ist er brauchbar und willig. Vielleicht kann ich ihn später als Tierwärter abrichten. Die Tiere mögen ihn.“

„Sie nehmen ernstliches Interesse an dem Buben?“ fragte der Arzt. „Da muß ich Sie doch auf etwas aufmerksam machen. Ich fürchte, er ist erblich belastet. Seine Mutter liegt schon seit einem Jahr bei uns in der Nervenklinik.“

„So, die ist also . . .“ Der Wärter tippte an seine Stirn. „Ist es heilbar? Kann man so etwas heute nicht heilen?“

„Unter Umständen. Es gibt Methoden, die einen hohen Prozentsatz an Heilungen bringen.“

„Was sind das für Methoden?“ fragte der Wärter höflich, um dem Doktor Gelegenheit zu einem Gespräch zu geben, in dem er dem Partner an Wissen weit überlegen war.

„Elektroschock, Insulinschock. Dann gibt es noch die Möglichkeiten der Hypnose. Hypnotischen Dauerschlaf..."

„Davon verstehe ich ein wenig", warf der Wärter bescheiden ein. „Ich war früher Dompteur."

Klingengast lächelte gönnerhaft, aber die Fairneß, die zwischen ihnen waltete, veranlaßte ihn, nun auch den Wärter durch aufmerksame Blicke und Fragen zum Reden über sein eigenstes Gebiet anzuregen.

„Das hat auch etwas mit Hypnose zu tun", sagte der Wärter. „Man versetzt zwar nicht die Tiere, aber ihren wilden Teil in eine Art Schlaf. Dabei können sie sich normal bewegen, fressen und springen und überhaupt alles tun wie im wachen Zustand, aber sie haben doch so eine Art Schlafkappe auf, denn was sie eigentlich wollen: wilde Tiere sein, frei sein zum Reißen und Töten, das können sie nicht. Sie haben vergessen, daß sie das wollen. Das schläft. Allerdings schläft es nicht sehr tief. Statt dem müssen sie zahm sein und tun, was der Dompteur will."

Statt dem, dachte Klingengast. Statt dessen ist zwar richtiger, aber es klingt sehr sächlich. Wie plastisch solche Dialektwendungen sein können: Statt dem – statt dem Wollen, als ob das Wollen eine selbständige Instanz wäre, eine Art zweiter Persönlichkeit ...

„Hypnose und Schock", sagte er zustimmend. „Beeinflussung und Peitsche."

„Die mit der Peitsche arbeiten und mit dem Stachel oder gar mit Brennen, sind rohe Dillettanten. Ich habe es nie getan. Freilich muß man sehr stark sein. Zuerst muß man seinen Körper trainieren, bis man ihn in der Hand hat. Bis man vor nichts mehr Angst hat. Wenn man keine Angst mehr hat, beginnt die innere Macht. Auch das muß lange trainiert werden. Man zieht seinen Willen ganz fest zusammen, genau wie die Muskeln, und dann läßt man ihn losschnellen. Strahlenförmig kommt er aus den Augen heraus und packt das Tier."

Er hatte das Zusammenziehen des Willens mit beiden Händen illustriert, indem er sie zu Fäusten ballte und dann jäh, alle Finger spreizend, von seinem Körper wegstieß gegen das imaginäre Tier.

„Was Sie da eben gemacht haben, ist die Bewegung, mit der die Zigeuner jemanden verfluchen“, sagte der Arzt nachdenklich. „Es ist eine uralte magische Geste. Ihre Dressur hat etwas mit Schwarzer Magie zu tun.“

„Schon möglich“, antwortete der Wärter.

Eine Weile schritt er stumm neben dem anderen her, und plötzlich begann er mit veränderter Stimme weiterzusprechen, leiser als vorhin, mit der Bemühung, etwas zu formulieren, was er selbst noch nicht recht verstand.

„Ich hatte große Macht über die Tiere.“

Und nach einer Pause des Nachdenkens schien er die Absicht, sich auszusprechen, wieder aufgegeben zu haben. „Wie's der Teufel will“, murmelte er nur. „Einmal versagen heißt immer versagen.“

„Haben Sie Ihren Beruf eines Versagens wegen aufgeben müssen?“ fragte Klingengast.

„Ja.“

Sie schritten weiter bis zum nächsten Baum. Dann sagte der Wärter: „Einmal kommt man mit seiner Magie, wie Sie es nennen, an einen Stärkeren. Und dann verliert man die Sicherheit. Und dann ist es aus.“

„Der Stärkere – wer war das in Ihrem Fall? Es kommt nämlich jeder einmal an einen Stärkeren.“

„Es war ein Weib. Eva im Paradies. Es wäre unsere beste Nummer geworden. Ich war der Adam, ich hatte mir eine herrliche Nummer ausgedacht und mußte die ganze Schwerarbeit allein machen. Sie lag einfach da. Schön war sie zwar, sehr schön. Aber die Tiere vertehen das nicht, sie fraßen ihr nur aus der Hand, weil ich es ihnen befahl. Sie hingegen, sie wollte nicht, sie fraß mir nicht aus der Hand ... Ich erinnere mich nicht gern daran, Herr Doktor.“

Der Arzt hatte bei den ersten Worten des Wärters kurz und trocken aufgelacht.

„Eva“, sagte er und nickte lebhaft mit dem Kopf. „Natürlich, die Natur. Dieses Weib! Liegt einfach da, und wir haben die ganze Schwerarbeit zu leisten und rennen mit dem Kopf gegen eine Wand. Kaum haben wir ihren Körper seziert und entschleiert, spielt sie uns einen Streich und hat sozusagen eine Seele. Wir nenne es die Psyche. Es ist uns zwar auch gelungen, über diese Psyche einiges in Erfahrung zu bringen, aber noch nicht sehr viel. Ich vermute unter dem, was wir bisher aufgedeckt haben, noch ganz andere Tiefen und Teufeleien."

„Ich will Ihnen sagen, was darunter ist", sagte der Wärter. „Ich meine natürlich, was in meinem Fall darunter war: ein unbeeinflußbarer Block. Nichts. Leere. Rein gar nichts. Daran scheitert man."

„Sie sind Atheist?" fragte Klingengast.

„Sie meinen, ob ich ein Gottloser bin? Nein – wieso denn? Das heißt, ich habe nie darüber nachgedacht. Ich weiß es nicht."

„Ich habe darüber nachgedacht", sagte Klingengast. „Ich weiß es auch nicht. Aber jetzt muß ich gehen, muß um eins dasein zum Essen."

Er war punkt eins daheim, genau wie ihm aufgetragen worden war. Der Tisch war für drei Personen gedeckt, man erwartete seine Mutter zum Essen. Sie kam eine Minute nach ihm, und er empfing sie an der Tür wie immer, küßte ihr die Hand und führte sie zu Tisch, wo Melitta und er höflich hinter ihren Stühlen stehenblieben, bis die alte Dame sich gesetzt hatte.

Als Knabe hatte er sie heimlich geliebt, denn sie war schön gewesen, und ihre formvollendete, damenhafte Sicherheit hatte sie unendlich überlegen gemacht. Zugleich hatte er ihren unermüdlich beobachtenden Blick gefürchtet. Es gab nichts, was diesem Blick entgangen wäre, kein Fädchen am Anzug, keine Unsicherheit im Tonfall, wenn er sie belog, auch nicht die frische Schürfwunde am Knie, die ihr verriet, daß er wieder über die Gartenmauer geklettert war, um seinen Ball zu holen, weil er zu faul war, ins Haus zu laufen nach dem Schlüssel für das auch bei Tag versperrte Gittertor. Sie tadelte ihn zwar selten, denn sie war sich der abschwächenden Wirkung zu häufig verhängter Strafen bewußt, aber sie versäumte nie, ihn wissen zu lassen, daß sie jede Missetat registrierte. Der stumme Tadel ihres Blickes beschämte ihn und verfehlte seine Wirkung nicht. Ich habe es aufgegeben, schien dieser Blick zu sagen, dieses Kind ist hoffnungslos. Und hoffnungslos fühlte er sich dann auch.

Später hatte er begonnen, sie auch zu beobachten, und es war ihm nicht entgangen, daß auch sie Fehler hatte. Darüber war er zunächst sehr erschrocken, dann hatte es ihm stille Genugtuung bereitet, und zuletzt war, lähmend und demütigend für ihn wie für sie, Mitleid daraus geworden. Er fürchtete sie längst nicht mehr, sie war zu alt und gebrechlich, und ihre matte, etwas gedehnte Sprechweise mit dem leise zischenden CH hatte, seit das Mitleid des Sohnes die letzte Position war, von der aus sie ihn regieren konnte, einen weinerlichen Klang angenommen. Er hätte sich dem widersetzen können, denn er durchschaute den Trick, aber er war nun einmal von der Sorte, die aus vernünftigen Erwägungen freiwillig im Käfig bleibt, selbst wenn die Tür offensteht. Er wußte zuviel von der Notwendigkeit aller Freiheitsbeschränkungen. Seine Patienten, die waren ausgebrochen, und es war seine Aufgabe, sie behutsam aus der noch viel furchtbareren Freiheit, in die sie geraten waren, zurückzuführen in die humanen Käfige. Im Grunde liebte er sie aber mehr als die Normalen, mehr als seine Familie, denn sie langweilten ihn nie, sie waren interessant, und sie gehörten ihm, sie brauchten ihn.

In solchen Gedanken versunken, löffelte er seinen Suppenteller leer, indes die beiden Damen Konversation machten. Ab und zu durchdrang ein Wort seine Geistesabwesenheit. Sie sprachen von etwas, das heute morgen in der Zeitung gestanden war. Es interessierte ihn nicht und ging ihn nichts an. Aber dann klang ein Name an sein Ohr. Er horchte auf.

„Ich bitt'dich!" sagte seine Mutter klagend. Die Ch zischten leise, als sagte sie Ischbittdisch. „Natürlich war er's. Er hat doch kein Alibi! Jeder anständige Mensch hat doch ein Alibi!"

Melitta hob den Blick und heftete ihn automatisch auf den winzigen Fleck im Tischtuch, der dort entstanden war, wo Klingengast den benützten Suppenlöffel neben den leeren Teller gelegt hatte.

Melitta hatte zwar ähnliche Ansichten wie seine Mutter, aber einen Verstand, der größerer Sachlichkeit fähig war.

„Ein Alibi", sagte sie bedächtig, „beweist etwas. Kein Alibi beweist noch nichts."

„Aber ich bitt' dich, wer soll es denn sonst gewesen sein?" jammerte die alte Frau indigniert. „Er soll ein kleiner, krummbeiniger Kerl sein, ein Arbeitsloser noch dazu, und außerdem notorischer Trinker, haltlos und verkommen! Ich frag' mich wirklich, wo nehmen die Leut' das Geld zum Trinken her, wenn sie arbeitslos sind?"

„Das sage ich auch!" stimmte Melitta nachdrücklich zu. Ihr korrektes Hochdeutsch erschien ihm ehrlicher und angenehmer als die affektierte Sprechweise der Mutter, die nur deshalb wienerisch redete, weil das zu ihrer Zeit als vornehm gegolten hatte. (Ischbittdisch, sogar der Kaiser hat Dialekt geredet!)

„So ein Mensch ist nicht besser als ein Tier", sagte Melitta.

Das war der Urteilsspruch. Unumstößlich. Unerbittlich.

„Wie roh die Leut' sind!" jammerte die alte Frau Klingengast. „Ich bitt' dich! So ein junges Mädel in einem rostigen Schnappeisen fangen und dann – nein, zugerichtet soll er sie haben, also einfach grau-en-haft!"

„Grau-en-haft!" bestätigte Melitta in schöner Seelenruhe. „Aber die Todesstrafe ist ja abgeschafft. Und wer sind die Opfer? Wir hilflosen Frauen."

Sie sprach ohne Affekt, es war unmißverständlich, daß sie wohl die Partei der hilflosen Frauen ergriff, sich selbst aber keineswegs dazu zählte. Lustmorde! Ihr konnte so etwas nicht passieren. Wieder wanderte ihr Blick ausdruckslos und dennoch aufreizend zu dem feuchten Fleck im

Tischtuch. Klingengast legte die vom Bratensaft triefende Gabel daneben und blickte triumphierend auf. Aber er hatte sich anscheinend geirrt, sie sagte nichts dazu, sie schien es nicht bemerkt zu haben. Da kam er sich kindisch vor. Aber vielleicht war auch das nur ein Trick von ihr.

„Ein Kind hat er auch noch dazu“, sagte Melitta kopfschüttelnd.

Die alte Dame ließ sorgsam den Saft von einem Bratenstück abfließen, ehe sie es auf ihren Teller legte.

„Ich bitt’ dich, müssen solche Leut’ auch noch Kinder haben?“

„Schöne Erbmasse“, bemerkte Melitta. „Vater Lustmörder, Mutter geisteskrank. Was sagst du dazu?“ wandte sie sich an ihren Mann.

„Ich?“ murmelte Klingengast. „Verzeih, ich habe nicht gehört, wovon die Rede war.“

„Von dem Fall Kutian natürlich. Die Frau soll bei euch auf der Klinik Rosenhügel liegen.“

„Kein Wunder bei so einem Mann“, warf die alte Dame schmerzlich ein, als handelte es sich um ihren eigenen Mann.

„Kennst du die Person?“ fragte Melitta plötzlich aufmerksam und überging die Bemerkung ihrer Schwiegermutter als unangebrachte Sentimentalität einer rührseligen Greisin.

„Nein“, sagte Klingengast gepreßt. Er wollte einfach nicht mit den beiden Frauen über den Fall reden.

Aber es war nicht Erschütterung, weil der Name, den er vorhin unklar gehört zu haben meinte, nun tatsächlich gefallen war, es war Zorn, was seine Stimme veränderte, unterdrückter, aber sogleich heftig wieder aufsteigender Zorn über die Art und Weise, wie die beiden Frauen zwischen Suppe und Braten das furchtbare Schicksal fremder Menschen in Konversation verwandelten, wie sie Taten verurteilten, von deren Antrieben sie in ihrer umhegten Welt nichts wissen konnten und auch gar nichts wissen wollten. Es handelte sich doch um lebende, fühlende Menschen, Menschen, die er kannte!

Nun, vielleicht lag der Unterschied in der Betrachtungsweise auch nur daran, an diesem Zufall, daß sie sie nicht kannten, während er statt des abstrakten Falls Kutian den wirklichen Kutian vor sich sah.

Er mußte an die Großmutter denken, deren Gemüsegarten ihm nun wie ein Symbol für alles erschien, was solche Menschen ursprünglich vom Leben erwartet hatten: einfach leben, essen, schlafen, arbeiten, und dann das Ganze, diese simple Aufgabe des Daseins, weiterreichen an die nächste heranwachsende Generation. Aber das war diesen Schlichten, Friedliebenden nicht vergönnt. Wie ein reißender Tiger war Schicksal eingebrochen in ihr armseliges Gärtchen, ihr alltägliches Dasein.

Hier aber saßen andere, die im Grund auch nichts wollten als leben, essen, schlafen und sich fortpflanzen – wenn auch mit etwas höheren Ansprüchen – und denen das, wider alle Gerechtigkeit, gelungen war; saßen hier und begafften das Unglück oder das Verbrechen oder die Krankheit und genossen es noch dazu in Gemächlichkeit, denn zwischen ihrer Welt und dem bösen Tier Schicksal gab es schützende Stäbe: Glück, Reichtum, Position, Bildung, Moral. Und Hochmut. Den Hochmut jener, die weder Gelegenheit noch die Notwendigkeit hatten – und auch gar nicht genug Mut und Kraft gehabt hätten, um im Kampf mit dem Tier selbst zum Tier zu werden.

„Du kennst sie also nicht, diese – Person?“ wiederholte Melitta ihre Frage, und nun bestand kein Zweifel mehr: Frau Kutian, die von Klingengast verleugnete „Person“, war Melittas Feindin. Denn sie mußte zu ihrem größten Erstaunen feststellen, daß ihr Mann sie soeben belogen hatte. Er log sonst nie. Hatte er nötig, sie anzulügen, sie, die alles verstand und mit der man über alles vernünftig sprechen konnte? Es alarmierte sie. Wo war er vormittags gewesen? Wo an jenem Sonntag, da er sein Zuspätkommen mit dem verstauchten Fuß irgendeines Gassenjungen rechtfertigte?

Sie hatte schon damals ein warnendes Vorgefühl gehabt. Und jetzt war sie vollkommen sicher, daß er log, denn sie hatte ihre Frage nur als Falle ausgelegt, sie hatte schon vormittags, weil der neue Lustmord ihre Neugier erregte, die Klinik angerufen und erfahren, daß Frau Kutian sogar auf der Abteilung lag, in der ihr Mann arbeitete. Natürlich war sie zu höflich, ihm das ins Gesicht zu sagen, aber wissen lassen mußte sie es ihn: Mich kannst du nicht belügen, ich bin nicht so kindisch und dumm wie deine Mutter!

„Ich bitt' dich, so ein Riesenspital! Er kann doch nicht alle kennen!" murmelte die alte Dame abschließend und erhob sich. Das Gespräch war erschöpft, sie war gesättigt am Braten, gesättigt am Grauen, es verlangte sie nach ihrem gewohnten Mittagsschläfchen.

Gehorsam und eifrig trug Klingengast zwei Liegestühle für die Damen in den Garten und stellte sie im Schatten auf.

Er wollte sich ebenfalls ein wenig hinlegen, nicht in den Garten, sondern in ein verdunkeltes Zimmer, aber er kam nicht zur Ruhe. Das Gespräch hatte ihn aufgewühlt und in eine Panikstimmung versetzt: Es war höchste Zeit, daß hier jemand eingriff und das fühllos weiterrollende Unheil, unter dem eine ganze Familie zermalmt werden sollte, abwendete. Und wer sonst war verpflichtet einzugreifen als er, der den Ereignissen fern genug stand, um sie klar zu überschauen, der auf einer geistigen Stufe hoch über solchen Mißgeschicken und Mißgriffen stand und dem der Zufall alle Fäden in die Hand gespielt hatte, an denen die einzelnen Akteure des Dramas hilflos wie Puppen zappelten? Sie schienen ihm das Verhängnis an sich zu demonstrieren, die unauflösliche Verquickung und Wechselwirkung von Unglück und Schuld.

Entschlossen stand er wieder auf. Es gab einen Menschen, der ihm bei dieser Aufgabe helfen konnte. Das Gefühl der stillen Partnerschaft, das ihn am Morgen so angenehm berührt hatte, kehrte ruhig und tröstlich wieder.

Unterwegs zum Zoo arbeitete sein Kopf einen Plan aus, der für jene Mitglieder der Familie, die noch zu retten waren, die bestmögliche Lösung bringen sollte, eine von jenen schematischen Lösungen, Patentmedizinen, wie sie die aufgeklärte Vernunft für alle Lebenslagen bereithält: Er würde mit Kutians Anwalt sprechen. Kutian mußte auf seinen Geisteszustand untersucht werden. Der Großmutter konnte er bei seinem Kollegen einen Platz im städtischen Fürsorgeheim verschaffen. Der kleine Josef sollte in ein Kinderheim gesteckt werden.

Der Wärter begrüßte ihn, als hätte er ihn erwartet, er wußte bereits alles, zum Teil aus der Zeitung, zum anderen Teil von Josef, der wie immer in den Zoo gekommen war, um ihm beim Füttern zu helfen. Der Bericht des Jungen war voll stoischem Gleichmut und von knappster Formulierung gewesen:

„Der Vater sitzt. Er hat eine umgebracht."

Es bedrückte ihn wenig, aber ein anderer Kummer nagte an seinem Herzen. Bisher hatte der Vater die Mutter sonntags im Irrenhaus besucht, und da hatte er den Jungen hin und wieder mitgenommen, denn allein ließ man Kinder dort nicht ein. Die Großmutter besuchte ihre Tochter nie, sie erklärte, sie sei zu alt, um solche Sachen zu erleben.

Klingengast erbot sich sofort, den Jungen mit in die Anstalt zu nehmen, damit er seine Mutter, an der er anscheinend trotz ihres Geisteszustands sehr hing, sehen konnte. Und der Wärter wollte ebenfalls mitkommen, schon hatte er unwillkürlich die Haltüng eines Vater-Ersatzes dem Jungen gegenüber angenommen.

Sie tobte nicht mehr. Sie lag nur da in dem gestreiften Leinenkittel, träg und apathisch. Sie war sehr dick geworden, und ihr Kopf wirkte nun auf dem massigen Leib noch kleiner. Die Haut zeigte das durchscheinende, etwas fettige Weiß, wie man es bei Nonnen beobachten kann, deren Gesichter selten der Sonne und dem hellen Tageslicht ausgesetzt sind. Im ganzen wirkte sie wie ein gewaltiges weichleibiges Reptil, ein überdimensionierter Grottenolm.

Als Klingengast mit dem Wärter und dem Kind die Zelle betrat, reagierte sie nicht. Sie lag nur da, den einen Arm aufgestützt, die langen, noch immer schönen Beine ragten bis über die Knie aus dem Spitalskittel heraus und waren, lose gekreuzt, seitlich über die Bettkante gestreckt. Das Haar war wirr, noch immer glänzend und elastisch. Seine dicken Lockenkringel wiegten sich leise im Luftzug, als die Tür geöffnet und wieder geschlossen wurde.

Sie kehrte den Besuchern das Profil zu, die gekrümmte Nase, den winzigen Mund und das nun volle, verfettete Kinn, das fast ohne Einschnitt in den hohen, breiten, schneeweißen Hals überging; das große, mandelförmige, schräg ins Profil hinübergezogene, dem hohen Schwung des Jochbeins folgende Auge mit dem kalten Basiliskenblick, unter dem finsteren Pfeil der länglichen Braue; und die Narbe, dünn am Jochbein beginnend, wie mit feinem Pinselstrich hingetuscht, dann in einigen wulstig verdickten Windungen über Wange und Hals sich nach vorn ringelnd und wieder dünn und fein gezeichnet zwischen den breiten Brüsten verschwindend.

Das war keine Frau mehr, das war ein phänomenales Wesen, eine grausame Naturgöttin. Sie standen wie gebannt, seltsame Pilger im Heiligtum der Schlangengöttin, und atmeten leise.

Plötzlich wendete sie den Kopf mit einer wiegenden Bewegung, an welcher der Hals nicht teilzunehmen schien, indes dennoch die weiße Maske dieses unmenschlichen Antlitzes sich herüberdrehte und die länglichen Augen mit der runden Pupille starr durch die drei hindurchblickten, ohne einen Blitz des Erkennens, der ja so etwas wie Anerkennung ihrer Existenz bedeutet hätte. Langsam kroch dem Wärter ein Grauen vor dieser fühllosen Riesenpuppe im Nacken hoch.

„Sie haben Besuch bekommen, liebe Frau Kutian“, sagte der Arzt und erhob dabei die Stimme etwas lauter als sonst, voll von jenem gekünstelt zwingenden Optimismus, den er seinen Kranken gegenüber für angebracht hielt.

Sie antwortete nicht. Starr ging ihr Blick durch die an der Tür stehenden Gestalten hindurch und reduzierte sie zu flüchtigen Schemen von nicht ganz glaubhafter Existenz.

Klingengast wandte sich an den Wärter: „Sie ist nicht ansprechbar“, erläuterte er. „Sie erkennt niemanden und spricht nicht. Sie liegt immer nur teilnahmslos da.“

In diesem Augenblick lief der Junge auf die Kranke zu.

„Mutter!“ keuchte er atemlos vor Aufregung. „Du, schau! Ich hab' dir etwas mitgebracht!“

Er zog einen roten Apfel aus dem Hosensack und hielt ihn ihr hin. Sie sah in blicklos an und gab kein Zeichen der Freude oder des Begreifens von sich. Da warf er den Apfel in die Höhe, fing ihn wieder auf und fuhr lockend und auffordernd damit vor ihrem Gesicht hin und her.

„Mutter!“ bettelte er. „Du! Schau doch! Spiel doch mit mir!“

Jetzt belebte sich ihr maskenhaftes Gesicht allmählich, die Narbe färbte sich dunkler, als schieße dort neues Leben ein und verteile sich langsam durch den ganzen in Benommenheit hindämmernden Körper. Die Sehnen ihrer langen Zehen zuckten, die Brüste hoben sich in tieferen Atemzügen. Der Junge nahm den Apfel zwischen die Zähne und tanzte wie besessen um ihr Bett herum, dann sprang er mit einem Satz auf sie, blieb rittlings auf ihrem Leib liegen, ließ ihr den Apfel vorsichtig in den Schoß fallen und warf die Arme um sie.

Sie legte sich unter dem Ansturm des wilden Burschen lachend auf den Rücken und lachte noch eine Weile monoton und ziemlich laut, aber dann brach das Gelächter ruckartig ab, und sie drehte den Kopf nach Klingengast, denn der war herbeigeeilt, um den Jungen aus ihren Armen zu reißen. Er befürchtete eine unberechenbare Reaktion der Irrsinnigen, vielleicht sogar einen Tobsuchtsanfall.

Sie hatte den linken Arm um den Kleinen geschlungen und drückte ihn heftig an ihre Brust. Ihr Gesicht nahm einen brütenden Ausdruck an, die Oberlippe kräuselte sich und ließ die Zähne sehen, und aus ihrer Brust drang ein leises, warnendes Grollen.

Der Arzt wollte nach dem Knaben greifen, aber der Wärter war hinter ihn getreten und hielt ihn plötzlich mit eisernem Griff an beiden Armen fest.

„Was fällt Ihnen ein!“ sagte Klingengast leise. „Man muß ihr das Kind wegnehmen, es befindet sich in höchster Gefahr.“

Ihre Narbe brannte jetzt feuerrot und wurde von immer neuen Wellen noch dunkleren Rots durchpulst, wie das zornig sich verfärbende Schwellen der Kropflappen bei einem gereizten Truthahn.

„Nein“, sagte der Wärter ebenso leise. „Sie wird ihm nichts tun, denn er fürchtet sich nicht vor ihr. Solange man ohne Furcht ist, tun sie einem nichts.“

„Wir sind nicht in der Manege, sondern im Irrenhaus, lieber Freund!“ sagte Klingengast aufgebracht. Es war ihm, als sei ihm der Wärter heimtückisch in den Rücken gefallen, gerade er, dem er als Verbündetem vertraut hatte. Aber er ließ sich doch ein paar Schritte vom Bett fortziehen und kehrte dann freiwillig zur Tür zurück, ihm war eingefallen, daß die Alarmklingel, mit der er die Krankenwärter zu Hilfe rufen konnte, dicht neben der Tür angebracht war. Doch ehe er sie betätigen konnte, richtete sich der Junge unbefangen auf und schob den Arm der Irren, der ihn beengte, von sich. Er nahm den Apfel, der auf das weiße Leintuch gerollt war, in die Hand und sagte voll Diensteifer, und so als sei die Anwesenheit der beiden Männer im Zimmer völlig nebensächlich für ihn und seine Mutter, diese verschworene, nur mit sich selbst beschäftigte Zweiheit:

„Willst du ihn essen, Mutter? Soll ich ihn auseinanderbrechen? Ich kann das mit den Händen, ich bin stark, Mutter.“

Aber sie beachtete ihn nicht, sondern starrte noch immer den Arzt mit feindseligen Blicken an, sie reckte den Hals, als wollte sie sich erheben, und wiegte gereizt den Kopf.

„Josef!“ befahl der Wärter leise. „Steig herunter und komm her zu mir!“

Der Junge gehorchte augenblicklich, und die Irre ließ es ohne weiteres geschehen. Der Arzt öffnete die Zellentür einen Spaltbreit und schob zuerst den Jungen hinaus und danach, ohne die Patientin aus den Augen zu lassen, auch den Wärter. Ehe er selbst die Zelle verlassen konnte, machte sie eine Bewegung. Langsam und lang streckte sie den Arm aus und wies befehlend mit dem Zeigefinger auf die Tür.

„Du auch“, sagte sie.

„Freilich, liebe Frau Kutian“, beschwichtigte der Arzt mit ruhiger Stimme. „Ich gehe jetzt. Brauchen Sie noch etwas?“

„Hinaus!“ schrie sie, zog den Arm in scharfem Winkel an sich und stieß ihn nochmals mit heftig fortweisender Geste vorwärts.

„Wenn man einen Königstiger zum Geliebten hat“, sagte sie langsam und kalt, „braucht man nicht den, der ihm den Stall ausmistet.“

Es kommt oft so, daß ein zufälliges Wort, das Wort eines Menschen, der einem gar nichts zu sagen hat, sogar das Wort eines Narren – sinnleer an der Wirklichkeit vorüberzielend, dennoch trifft. Verstörung hat sich lange Zeit hindurch unter einer dünnen Schicht von Bewußtheit angesammelt. Dorthin fällt das spielerisch gesprochene Wort wie ein Stein, und der feste Grund erweist sich als Moor, in dem er versinkt. So beginnt man die verdächtige Stelle zu beobachten oder zu umgehen. Aber nachts umkreisen die Träume den gefährlichen Ort, dann nähern sich die Freunde des Tages als feindliche Traumgestalten und werfen neue Steine dorthin, wo eine erste Erschütterung den wunden Punkt bezeichnet hat. Es wäre besser, ihn nicht zu kennen.

Klingengast träumte einen Traum, den er als Kind schon einmal ähnlich geträumt hatte: Der Tisch war festlich gedeckt, und er lag appetitlich angerichtet auf dem Teller seiner Mutter, aber sie schob den Teller von sich. Er wollte für sein Leben gern von ihr gegessen werden, darum stand er auf, ergriff Messer und Gabel und ruderte wie in einem Kahn auf dem Teller über das Tischtuch auf sie zu. „Mutter“, sagte er. „Iß mich, bitte.“ Aber sie lehnte zerstreut ab, mit den Worten: „Ich bitt’ dich, ich muß doch auf meine Figur achten.“ In diesem Augenblick sah er am anderen Ende des Tisches Melitta sitzen. Eilig und erfreut ruderte er zu ihr hinüber und forderte sie auf, ihn zu essen. „Ich kann doch nicht mit den Fingern essen“, sagte sie achselzuckend. Da reichte er ihr Messer und Gabel, mit denen er gerudert hatte. Aber sie nahm sie nicht an, sondern heftete einen strafenden Blick auf das Tischtuch, und er sah zu seinem Schreck, daß er beim Rudern eine Spur von Bratensaft hinterlassen hatte. „Entschuldige, Melitta“, sagte er zerknirscht. Sie antwortete nichts, sondern blickte ihn nur mit eisiger Verachtung an. Er versuchte sich zu verteidigen. „Das habe ich nicht absichtlich getan. Sei nicht so kleinlich, schließlich bist du meine Frau und mußt mich essen.“ – „Da könnte ich ja gleich das Tischtuch essen“, sagte sie kalt. Aber er wollte unbedingt gegessen werden, es schien ihm, daß alles Glück und aller Sinn seines Lebens davon abhingen, daß ihn jemand verspeiste. Melittas ungerührtes Antlitz stürzte ihn in Verzweiflung. Schließlich fiel ihm ein, daß man ja heute Frau Kutian zum Essen erwartet hatte. Hoffnungsvoll wendete er seinen Teller und ruderte suchend die Tischkante entlang. „Sie ist natürlich nicht gekommen, diese Person“, sagte seine Mutter. Nochmals ersann er einen letzten Ausweg. „Vielleicht könnte man den Tiger aus dem Tiergarten holen, damit er . . .“ Aber in diesem Augenblick sprangen beide Frauen wütend auf und schrien: „Es gibt keinen, es gibt keinen Tiger!“ Er wünschte so heftig, seinen Willen durchzusetzen, daß er dem Traum mit seiner Wunschkraft eine Wendung zu seinen Gunsten gab: Die Tür sprang auf, und herein marschierte ein gewaltiger Königstiger, der ging auf den Tisch zu, legte artig die Vorderpfoten auf das Tischtuch und sprach mit piepsender Kinderstimme: „Ich bin so satt, ich mag kein Blatt.“ Er erinnerte sich, daß dieser Satz in einem Märchenbuch gestanden hatte, und begehrte auf: „Ich bin doch kein kleiner Junge mehr!“ Aber die beiden Frauen zeigten mit lautem Hohngelächter auf ihn, und er sah an sich herunter und mußte feststellen, daß er die ausgebeulten Hosen des kleinen Kutian trug. Er erwachte in Schweiß gebadet.

Im Augenblick des Erwachens wußte er den ganzen Traum und beschloß, ihn aufzuschreiben und zu analysieren. Aber als er aufgestanden war und sich rasiert hatte, war alles schon vergessen, und nur ein lähmendes Gefühl war geblieben, als hätte er etwas ungemein Wichtiges vergessen, an das sich alle anderen jedoch erinnerten.

Ob Melitta sich wirklich in letzter Zeit verändert hatte? Sie war so schweigsam, aber sie war nie redelustig gewesen. Sie hatte immer etwas kühl Abwartendes und Beobachtendes gehabt, jedoch nun schien sie es sich zur einzigen Aufgabe machen zu wollen, ihn keine Sekunde aus den Augen zu lassen. Aus ihrem Blick sprach nicht Besorgnis – obwohl er wirklich blaß und überarbeitet aussah –, nicht Eifersucht, Zärtlichkeit oder Furcht. Wenn man so sorgsam beherrschter Ausdruckslosigkeit überhaupt einen Gefühlsinhalt zusprechen wollte, so war es am ehesten Verachtung. Er jedenfalls glaubte Verachtung aus ihren Augen zu lesen, samt dem Wunsch, einen Beweis für seine Verächtlichkeit zu ergattern und diesen ihrer Selbstgerechtigkeit als Beute zu Füßen zu legen. Sie hatte sich stets gern an der Erniedrigung anderer selbst erhöht.

Auch für sie bin ich nur einer, „der den Stall ausmistet“, dachte er.

Unwillkürlich verlangte ihn nach der Gesellschaft von Menschen, deren Sympathie seinen Wert ausdrücklich bestätigte, oder nach solchen, die Hilfe brauchten und durch ihren Anspruch seine Kraft herausforderten und aktivierten. Er verbrachte mehr Zeit bei seinen Patienten, als nötig gewesen wäre, und machte es sich zur ständigen Gewohnheit, an freien Tagen fast nur zu den Mahlzeiten daheim zu bleiben.

Bald zog es ihn dorthin, wo er den kleinen Jungen vermutete, der seine Hilfe brauchte, wenn er seine Mutter besuchen wollte; oder den Wärter – obzwar das Gefühl, an diesem einen respektvollen Partner zu haben, auf nicht recht greifbare Weise erschüttert worden war, als er die harten Fäuste an seinem Körper gefühlt hatte, wie sie ihn in seiner Freiheit beeinträchtigten, festhielten und hinderten, zu tun, was er für richtig hielt. Um so mehr jedoch wünschte er sich der ehrerbietigen und wohlwollenden Haltung dieses Menschen neuerlich zu versichern.

Ein Gefühl der Erleichterung überkam ihn, als er die aufrichtige Wiedersehensfreude in den Augen des Wärters sah, und schon die ersten Worte bestätigten und erneuerten die seltsame, unausgesprochene und angenehme Beziehung der beiden Männer.

„Ich bin froh, daß Sie kommen, Herr Doktor! Sie müssen mir helfen. Wie Sie wissen, hat man den kleinen Josef in ein Waisenheim gesteckt, er ist aber sofort wieder durchgebrannt, und ich fürchte, wenn man ihn erwischt, wird er vielleicht in ein Heim für schwerdressierbare Kinder gegeben, und dort wird er noch viel unglücklicher werden. Unglücklich und böse. Ich möchte den Jungen adoptieren oder zumindest die Verantwortung für ihn übernehmen. Können Sie mir sagen, ob das geht und wie es zu machen wäre?"

„Gewiß kann ich Ihnen da raten und helfen. Aber haben Sie auch überlegt, was Sie sich da ins Haus holen wollen? Es ist immer ein Risiko, das Kind fremder Leute aufzuziehen, weil man nie weiß, wie es sich entwickelt, und in diesem Fall ..."

„Herr Doktor, ich weiß genau, was ich auf mich nehme. Vermutlich wird aus Josef nie ein ganz normaler Mensch werden. Er wird immer ein sonderbares und nicht ungefährliches Tier bleiben. Vielleicht aber kann gerade deshalb niemand so mit ihm umgehen wie ich. Und ich habe auch noch einen anderen Grund – seit der Kleine hier aufgetaucht ist, beginnt eine Erinnerung, die ich jahrelang hin und her gewendet habe und die mich immer gequält hat, bedeutsam zu werden. Und eigentlich war es vor allem diese Erinnerung, die ich Ihnen erzählen wollte, falls es Sie nicht langweilt."

„Sie langweilen mich durchaus nicht", sagte Klingengast mit Wärme. „Wie wäre es, wenn wir zusammen im Tirolerhaus droben ein Glas Wein trinken, während Sie mir erzählen, was Sie auf dem Herzen haben?"

Der Wärter war gerne einverstanden, und sie traten in den weiträumigen Schloßpark hinaus und schritten die stillen Waldwege entlang bis zu dem Gasthaus, wo sie sich unter den Bäumen an einem primitiven Holztisch niederließen und Wein bestellten. Und der Wärter begann zu erzählen.

Mona Belinda, die Dame, die allabendlich von ihrem Vater, dem Zauberkünstler, in zwei Hälften zersägt und danach wieder zusammengesetzt wurde, war etwa zwanzig Jahre alt gewesen, als der Dompteur mit einer Reihe Tiere, die ihm gehörten, zu dem großen Zirkus kam. Sie war eine Pracht fürs Auge, eine Schönheit von jener steifen, ausdruckslosen Feierlichkeit, an der die Dummheit einen unleugbaren, aber positiv zu wertenden Anteil hat, eine wundersame, mit starrem Nacken und runden Augen stolzierende Pute von fabelhafter Länge. Das dünne, abwärts gebogene Näschen erinnerte an einen Schnabel, ihr Mund war klein und in den Mundwinkeln gekränkt nach unten gezogen. Auf ihrem ebenmäßigen Gesicht ging nie etwas vor, es schien sich ein für allemal, beleidigt schon allein von der Vorstellung, daß es da Andersdenkende geben könnte, zur Maske des Erstaunens über die eigene Schönheit entschlossen zu haben.

Mona Belinda lachte nie, und wenn sie lächelte, verzog sich ihr Mündchen wie zum Weinen. Sie war ein unglückliches Geschöpf, und als sei sie sich ihrer Dummheit bewußt, zeigte sie sich stets bereit, zu tun, was jeder andere von ihr wollte, ohne überhaupt nachzudenken. Dennoch schlug ihr alles zum Unglück aus, und nichts weiter wollte ihr gelingen, als Abend für Abend, auf der Bühne von imponierender Länge und Schlankheit, ihren schönen Körper dem Publikum im paillettenbestickten Trikot zu zeigen; danach wurde sie in eine Schachtel gelegt wie eine Porzellanpuppe und durchgesägt. Der Zauberer öffnete die eine Hälfte der Schachtel und zeigte dem Publikum Mona Belindas tadellose, lange, abgesägte Beine. Dann öffnete er die andere Hälfte der Schachtel und zeigte ihr Oberteil. Nun wurden beide Hälften geschlossen und dicht aneinandergerückt, der Zauberer besprach sie mit seltsamen Worten, und Mona Belinda entstieg dem Gehäuse, starr und feierlich, wie sie hineingestiegen war. Nur ihr Gesicht schien jetzt noch darüber zu staunen, daß ihre verwunderliche Schönheit eine so unmenschliche Prozedur unversehrt überstanden hatte. In diesem Augenblick begann das Publikum meistens, nach einer atemlosen Pause, zu applaudieren und ihr minutenlang jene Bewunderung zuteil werden zu lassen, die einem so außerordentlichen Geschöpf gebührte. Klein und gewöhnlich sah der Zauberer an ihrer Seite aus, und seine dankenden Verneigungen wirkten, als mache sich ein unverschämter Lakei mit dem Glanz und Ruhm seiner Herrin wichtig.

Kaum aber hatte Mona Belinda die Manege verlassen, so erwies sich ihre ungewöhnliche Länge als Hindernis für jedes Glück. Sie war den Männern zu groß. Sie konnte tanzen, doch hätte sie in einer Girltruppe alle anderen Tänzerinnen um Haupteslänge überragt, sie hätte niemals einen passenden Tanzpartner gefunden, und für eine Solonummer fehlte es ihr an Temperament und Einfällen. Mona Belinda war keine Künstlerin. Ihr einziges verwertbares Talent bestand darin, so schlank und biegsam zu bleiben, daß sie sich schlangengleich jeweils in die eine oder andere Hälfte der Schachtel zusammenrollen konnte, indes der Zauberer dem Publikum die in dem doppelten Boden untergebrachten künstlichen Beine, beziehungsweise den

Oberteil einer Wachspuppe zeigte, die ihr aufs Haar glich.

Doch nicht einmal als wächserne, in zwei Teile zersägte Schönheit war ihr eine lange Karriere beschieden.

Mona Belinda liebte die Tiere, vielleicht, weil sich das Monströse in ihrer Schönheit milderte, wenn sie statt neben normal gewachsenen Menschen neben den Giraffen und Elefanten stand. Selbst im Kreise niedrig gebauter Tiere, bei Schlangen, Affen und Raubkatzen, wirkte sie sogleich wie eine Naturgottheit, und ihre unmenschlichen Dimensionen wurden zu übermenschlichen, fast zu göttlichen Maßen.

So erschien es zumindest dem jungen Dompteur. Und da kam ihm eine großartige Idee, wie dem Auftreten des schönen Mädchens im Zirkus der rechte Rahmen zu geben wäre. Er dachte sich eine neue Nummer aus: Adam und Eva im Paradies, umgeben von den friedlichen Tieren. Er selbst wollte als Adam auftreten, Mona Belinda sollte die Eva sein, und um den Größenunterschied zu vertuschen, sollte Eva auf einem Ruhelager unter dem Baum sitzen, indes er auf einem Podest dahinter stand, erhöht, damit er die Tiere gut im Auge behalten konnte und Evas horizontale Pracht mit seiner männlichen aufrechten Höhe überragte.

Da ihr Vater den Plan guthieß, war Mona Belinda bereit, mitzutun. Doch beim Einstudieren der neuen Nummer ergaben sich unvorhergesehen Schwierigkeiten: die Tiere mochten Mona Belinda nicht, so schien es zumindest dem Dompteur damals. Sie wurden unruhig und störrisch, sobald sie in Mona Belindas Gegenwart arbeiten sollten, und der Dompteur mußte all seine suggestive Kraft aufbieten, um sie im Zaum zu halten. Nach jeder Probe war er schweißüberströmt vor Konzentration. Auch schien ihm, daß eine Minderung seiner suggestiven Fähigkeiten jeweils mit dem Auftauchen Mona Belindas vor dem Käfig oder in der Arena Hand in Hand ging. Das hätte ihm wohl Warnung genug sein müssen, aber er wollte seinen Plan nicht aufgeben, es verletzte seinen Stolz, das dumpfe Tiere sich seinem Wollen widersetzten. Seine Kunst bestand eben darin, daß er anderen Geschöpfen seinen Willen aufzuzwingen vermochte, ohne äußerliche Gewalt anzuwenden. Auch bei Menschen war er ein begabter Hypnotiseur, vor allem bei Frauen hätte er spielend alles erreicht, wenn er nur gewollt hätte, einzig durch die befehlende Kraft der Gedanken, diese lautlose Überredungskunst seiner stärkeren Seele. Der Genuß, den er daraus zog, entschädigte ihn jedoch für sinnlichere Genüsse, und er lebte keusch.

Sehr langsam gewöhnte er die Tiere an Mona Belindas standbildhafte Gegenwart. Murrend und knurrend fügten sie sich, und als er die neue Nummer zum erstenmal ohne jede außerordentliche Sicherheitsmaßnahme geprobt hatte, als der Königstiger zum erstenmal, mit vor Auflehnung bebenden Ohren, Mona Belinda demütig die Füße leckte, wie ihm befohlen wurde, und die scheue Antilope das Futter aus ihrer Hand nahm, indes der stets gutartige Elefant seinen Rüssel über ihr schaukelte und mit dem Rüsselfinger den Apfel vom Baum der Erkenntnis brach, um ihn ihr sanft in den Schoß zu werfen, da durchströmte den Dompteur ein jubelndes Gefühl vermehrter Macht und erhöhter Persönlichkeit.

Ihre göttergleiche Dummheit und Teilnahmslosigkeit machte, daß Mona Belinda die Gefahr und das brauende Übelwollen der Tiere überhaupt nicht zu Bewußtsein kam. Hätte sie Angst gehabt, es wäre wohl unmöglich gewesen, die Tiere in ihrer Anwesenheit in Schach zu halten, denn diese wittern die Angst anderer Geschöpfe und nehmen sie meist zum Auftakt für entfesselt losbrechende Wildheit. Kein Laie konnte würdigen, welches Risiko es war, die Antilope, deren ureigenstes Wesen fippernde Angst, ja geradezu ununterbrochene Angstbereitschaft ist, mit den Raubtieren gemeinsam auftreten zu lassen.

Aber Mona Belindas Furchtlosigkeit erstreckte sich nicht nur auf die Raubtiere, sondern auch auf den Dompteur. Sein dämonischer Blick, die Magie seines Willens, die

Gewalt seiner Männlichkeit – all das glitt an ihr ab wie Wasser.

Er war ihrer abnormen Schönheit längst verfallen, doch war es ihm über der aufregenden und erschöpfenden Arbeit noch gar nicht zu Bewußtsein gekommen. Er liebte Mona Belinda, sie aber wiegte ihren langen Giraffenhals in staunender Selbstversunkenheit hoch über ihm und erwiderte seine glühenden Blicke mit dem kühlen, kreisrunden Putenblick, hinter dem alles und nichts sich verbergen mochte.

So schritt sie endlich an jenem denkwürdigen Abend voran, betrat die Manege, verbeugte sich vor dem Publikum und nahm ihren Platz unter dem Baum der Erkenntnis ein, ohne diesem auch nur einen neugierigen Blick zu gönnen.

Dann kamen die harmlosen Tiere, die Antilope, ein paar Affen und der Elefant, trabten grüßend und stumpf gehorsam einmal im Kreis herum und begaben sich auf ihre Plätze, um dort die einstudierten Stellungen einzunehmen. Ihnen folgte Adam mit einem Löwenpärchen und dem Königstiger.

Als alle richtig gruppiert waren, der Königstiger an Mona Belindas weiße Füße hingeduckt, die beiden Löwen flankenreibend zu ihrer Seite, die Antilope aus ihrer ausgestreckten Hand fressend und der Elefant – da sich eine Schlange nicht so weit dressieren ließ – mit dem schlangenhaften Rüssel nach dem Apfel fingernd, sah der Dompteur seine Eva an und wünschte, ihren Blick einzufangen. Sie jedoch schaute teilnahmslos ins Publikum, diesen Spiegel, in dem sich ihr eigenes Staunen tausendfach widerspiegelte, hoher Triumph ihrer Anbetung verlangenden Eitelkeit. Der Dompteur vermehrte den inneren Druck, mit dem er auf sie einzuwirken suchte. Sie reagierte nicht. Eine leise Unruhe bemächtigte sich der Tiere. Der Elefant warf den Apfel zu heftig in ihren Schoß, er entrollte ihrer zugreifenden Hand und blieb neben ihr im Sand liegen. Das war nicht vorgesehen.

Fragend erhob sie die Augen zu dem Dompteur, und er legte alle beschwörende Kraft in seinen Blick: sie sollte den

Apfel liegen lassen, jede ungewohnte Bewegung mochte die Tiere befremden. Noch immer schaute sie ihn fragend an. Er wiederholte den lautlosen Befehl. Da beugte sie sich vor, streckte die Hand nach dem Apfel aus, und dabei bewegte sich ihr Bein, nach Balance angelnd, dicht vor dem Rachen des Tigers, der zornig zurückfuhr und sich duckte.

Es geschah nicht in diesem Augenblick. Es geschah erst eine Sekunde später, genau in dem Augenblick, da dem Dompteur klar wurde, daß Mona Belinda nicht zu hypnotisieren war, sie spürte seinen Befehl nicht, und das war es, was die Tiere verstörte: seine Schwäche, nicht Mona Belindas Geruch. Denn vor ihr war er willenlos und schwach. Dieser Erkenntnis folgte ein blitzschnelles, taumelndes Versinken in Angst und Unsicherheit, alle Macht entglitt ihm, er war nichts in den Augen dieser schönen Puppe, er hörte sekundenlang auf zu existieren.

Die Tiere witterten es: das Zentrum, aus dem ihre Regungen und Handlungen gesteuert wurden, zerfiel in Nichts. Da brachen sie aus.

Der Tiger schlug einmal kurz zu.

Vielleicht hätte der Dompteur seine Geschöpfe nochmals in die Hand bekommen, wäre dies nur eine Probe gewesen. Aber es war die Galavorstellung, die entscheidende Vorstellung vor tausend Augen, die auf ihn und seine Niederlage gerichtet waren. Das Publikum brach in panisches Geheul aus. Ohne Publikum – vielleicht –, aber „vielleicht" ist kein Podium, von dem aus man seine Welt in Ordnung halten kann.

Er wußte selbst nicht, wie er die blutüberströmte Mona Belinda vom Boden aufgerafft und in Sicherheit geschleppt hatte. Inzwischen riß der Tiger die Antilope, die Löwen fuhren fauchend umher und peitschten mit den Schweifen den Sand, der Elefant trompetete laut und zerstampfte den Baum der Erkenntnis. Geistesgegenwärtig zogen die Stallburschen des Zirkus' das Fallgitter auf, das von der Arena in den Löwenzwinger führte, und auch die übrigen Tiere flüchteten in ihre Käfige zurück.

Der Tiger blieb als großer Sieger im Rund und begann die Antilope zu fressen.

Als Mona Belinda genesen war, machte der Dompteur ihr einen Heiratsantrag. Vielleicht hatte er erwartet, daß die nun von einer häßlichen Narbe Entstellte hochbeglückt sein würde. Er fühlte sich durchaus als Gebender, nicht als einer, der etwas wiedergutzumachen hat. Kein Zirkusmensch hätte sich einfallen lassen, in ihm den Schuldigen zu sehen, der ihr Leben zerstört hatte, denn die Gefahr und das Wagnis gehören zu solchen Berufen nicht anders als es zum Beruf des Beamten gehört, auch bei schlechtem Wetter ins Amt zu gehen. Also wurde die Werbung des Dompteurs keineswegs als Vergütung für das Mißgeschick, das sein Plan Mona Belinda gebracht hatte, vorgetragen, doch spielte auch nicht etwa Mitleid, ihrer Entstellung wegen, eine Rolle dabei. Denn es war nicht ihre jetzt arg beeinträchtigte Schönheit, sondern ihr bewegungsloses, unbeeinflußbares Wesen, das ihn als ein Symptom von Kräften faszinierte, die seinen Künsten weit überlegen waren.

Und da ihr Vater zustimmte, sagte Mona Belinda teilnahmslos ja. Sie wurde dem Dompteur eine kühle Frau. Zwar kannte sie keinerlei bewußte Auflehnung, doch blieb sie auch im Lauf ihrer Ehe absolut undressierbar. Der Dompteur wandte seine hypnotische Begabung ebenso vergeblich an sie wie den laut ausgesprochenen Befehl. Bemüht, ihm alles recht zu machen, geriet es ihr doch nicht, weil ihre Dummheit und die unendlich schwerfällige Reaktionsfähigkeit dieses großen Tieres mit der zu langen Leitung sie auch seine Worte oft mißverstehen ließ.

Seit dem Bruchteil einer Sekunde, in dem er Furcht und Schwäche empfunden hatte, blieb seine Macht über die Tiere in Frage gestellt, und die immer wiederkehrende Erfahrung der Machtlosigkeit über die eigene Frau schwächte ihn weiterhin in seinem Lebenszentrum. Alles an seiner Seele und seinem Charakter war unterdrückt worden zugunsten des einen, alles beherrschenden Wunsches, gewaltlos Macht über andere auszuüben. Der Verlust dieser Macht ließ nichts übrig von dem einst selbstsicheren, kraftvollen, erfolgreichen Mann. Im Lauf eines kurzen Jahres mußte er einsehen, daß ihm nie wieder eine Dressur mit der gleichen Sicherheit wie früher gelingen würde, weder an ihr noch an den Tieren. Und so sank er schließlich zu der untergeordneten Stellung eines Wärters und Stallburschen beim Zirkus herab. Aus dem Herrn und Meister des Königstigers war der geworden, der ihm den Stall auszumisten hatte.

„Es blieb mir nichts übrig, als mich von meiner Frau scheiden zu lassen, obwohl ich sie noch immer genauso gern hatte", sagte der Wärter. „Ich weiß nicht, ob Sie das begreifen werden, Herr Doktor, Sie sind ja gewiß nie in eine solche Lage gekommen. Ein Mann darf einer Frau schon ein Opfer bringen, aber nicht das Opfer seiner Selbstachtung. Zumindest erschien mir das damals so. Ich kam mir vor wie ein degradierter General, der als Putzer beim Leutnant dienen soll", fuhr der Wärter lächelnd fort, und schon die martialische Form des Vergleichs mit ihrem Vokabular aus soldatischen Bereichen ließ erkennen, daß er seine Niederlage innerlich längst zum Sieg gewendet, seine Demütigung in Aufrichtung verwandelt hatte. „Ich ging fort vom Zirkus und nahm die Stelle als Wärter hier an. Ich meinte, neben diesen durch Untätigkeit und lange Gefangenschaft herabgewürdigten Tieren könnte ich wieder meine Souveränität erlangen. Doch es kam anders. Mit der Zeit wurde mir klar, daß ich die Tiere bis dahin gar nicht richtig begriffen hatte, und mit dem Verstehen verging mir jeder Hochmut. Denn es war menschlicher Hochmut gewesen, mich zum Herrscher ihrer Triebe aufzuschwingen, bloß weil ich als Mensch die meinen zusammendrehen konnte zu einem Seil aus vielen Fäden, das dann natürlich sehr stark war. Ich hatte als Dompteur der Natur einen Strick gedreht."

„Ich sagte es ja schon einmal!" rief der Doktor. „Ihre Dressur ist Schwarze Magie gewesen, Zauberei."

„Heute habe ich eine ganz andere Einstellung zu den Tieren", fuhr der Wärter ruhig fort. „Ich weiß, daß sie unabhängig von mir sind. Sie leben in einer anderen Welt als ich. Dort sind sie die Stärkeren. Sobald sie in unsere Welt gepreßt werden, verlieren sie wohl ihre Überlegenheit, und dann ziemt es sich für mich, ihnen zu helfen. Ich habe einfach das Unheil, das wir über sie bringen, etwas zu lindern. Sonst nichts."

Der Wärter trank langsam sein Glas aus, stellte es auf den Tisch und schob es eine Weile unschlüssig hin und her. Dann gab er sich einen merklichen Ruck und richtete den Blick entschlossen, doch voll Freundlichkeit auf den Arzt.

„Seit ich sie in der Klinik wiedergesehen habe, ist mir allmählich klargeworden, daß ich meine Frau nicht als Mann geliebt habe, sondern auch nur als Dompteur."

Er machte eine Pause, dann richtete er nochmals den Blick auf den Arzt und fuhr fort: „Hoffentlich werden Sie mir nicht böse sein, Herr Doktor – vielleicht stehen auch Sie ihr nicht als Wärter gegenüber, sondern als Dompteur. Sie hat wohl etwas, das dazu herausfordert. Aber ich glaube, wenn Sie Mona Belinda heilen, wird sie nichts mehr sein als die geschiedene Frau eines gescheiterten Zirkusmenschen und die derzeitige Frau eines Mörders. In Wirklichkeit aber ist sie die Geliebte eines Königstigers."

„Ich bin Arzt", sagte Klingengast mit freundlichem Nachdruck. „Meine Pflicht ist, sie von ihrem Wahn zu befreien."

Der Wärter nickte mehrmals. „Ja, das ist wohl so. Sie müssen Ihrer Pflicht gehorchen, Herr Doktor. Aber Sie werden an dem scheitern, an dem auch ich gescheitert bin."

Klingengast erinnerte sich an das Gespräch, das sie vor einiger Zeit geführt hatten. „Sie meinen, weil nichts dahintersteckt als Leere. Rein gar nichts. So sagten Sie doch?"

Der Wärter nickte.

„Ja. Das glaubte ich damals noch. Aber seit ich sie wiedergesehen habe, glaube ich, es steckt auch bei ihr eine starke Idee dahinter. Wenn es auch eine Wahnidee ist. Vielleicht ist für Mona Belinda der Tiger ihr Gott, und sie läßt sich von ihm mit Haut und Haaren auffressen. Er ist für sie der Stärkere."

Der Arzt lauschte aufmerksam und empfand es als Zeichen ihrer sich festigenden Freundschaft, daß zwischen ihnen Überlegenheit oder Mehrwissen nebensächlich geworden war, weil jeder den fremdartigen Gedanken des anderen ihr Recht ließ.

Der Wärter fuhr fort:

„Wer weiß, ob das, was ich, gegen meine ursprüngliche Natur und meine eitle Herrschsucht, geworden bin, nicht auch unter dem Zwang eines fremden Willens handelt – eines Stärkeren . . ."

„Sie meinen . . .", aber er sprach es nicht aus.

„Als ich den Jungen kennenlernte", sagte der Wärter, „wollte ich auch ihn nur dressieren, es war eine Spielerei, eine Kraftprobe. Aber jetzt unterwerfe ich mich. Ich will gutmachen, was ich an seiner Mutter falsch gemacht habe. Ich will ihn nicht adoptieren, um ihm ein Dompteur zu sein, sondern ein Vater."

Sie hatten über dem langen und intensiven Gespräch nicht bemerkt, daß es inzwischen Abend geworden war. Als sie sich erhoben, warf der Arzt einen Blick auf die Uhr und der Wärter sagte:

„Der Zoo ist schon geschlossen, und auch die Parktore werden nicht mehr offen sein. Gehen Sie bitte die Allee links hinunter. Ich hole inzwischen meine Schlüssel und lasse Sie hinten bei dem Ausgang für das Personal des Tiergartens hinaus."

Klingengast nickte und schritt langsam unter den schweigenden, uralten Kastanienbäumen weiter, und es war ihm, als vernehme er, nachdem die menschliche Zwiesprache verstummt war, wieder das große, lautlose Selbstgespräch der Natur, ihr schweigsames, in sich ruhendes Dasein. Auch die Tiere schliefen, die Vögel mit dem Kopf unterm Flügel, die Katzen zusammengerollt. Nur der Wolf, ein gehetzter grauer Schatten, führte seinen irren Tanz, drei Schritte hin, drei Schritte her, hinter den Gitterstäben auf. Wie sehr er sich sehnen mochte nach seiner angeborenen Freiheit, zu jagen und gejagt zu werden, zu zerfleischen und von grausamen Fangeisen zerfleischt zu werden! Was trieb ihn dazu, was war stärker als die Vorteile satter Sicherheit hinter zwingenden und zugleich schützenden Gittern?

Der krummbeinige, kleine Lustmörder fiel ihm ein, und Mona Belinda, die zweigeteilte, übermenschlich Große. Was trieb sie, diese von allen Verschmähten, die wie rostige Nägel an einer Kiste aus der gebräuchlichen Form herausstanden; deren Schicksal aus der normalen Ordnung fiel – was trieb sie, sich von diesem Schicksal mit Haut und Haaren auffressen zu lassen!

Und das Wort „auffressen" brachte ihm jählings wieder seinen Traum ins Gedächtnis. Auch in ihm war also etwas davon. Verheimlicht. Unter der Schwelle. Doch wußte er es immerhin zu zügeln, er ragte als Mensch im vollen Besitz seines sittlichen Bewußtseins genügend weit über seine Natur hinaus, um sich selbst zu beherrschen. Das Tier war zum Menschen geworden – wohin würde es sich im Lauf kommender Jahrtausende entwickeln?

Sekundenlang tat sich die Möglichkeit seines Transzendierens zu höheren Ordnungen als blendende Hoffnung und tiefe, unfaßbare Einsicht in seinem Inneren auf.

Vor dem Tigerkäfig blieb er plötzlich wie angewurzelt stehen und fühlte, daß ihm kalte Wellen von Entsetzen zum Herzen strömten. Denn da lag das gewaltige Tier mit von sich gestreckten Pfoten auf der Seite, in halbwachem, von bebenden Reflexen beunruhigtem Raubtierschlummer, und an das weißliche Bauchfell gepreßt lag der kleine Josef und schlief ebenfalls friedlich und ohne Ahnung von der Gefahr, in der er schwebte.

Der Arzt stand noch immer erstarrt da, als der Wärter hastig herankam.

„Mein Schlüsselbund ist fort!" sagte er verstört, und dann sah er den Jungen zwischen den Pranken des Königstigers liegen.

„Gehen Sie doch!" flüsterte Klingengast. „Gehen Sie schon! Sie müssen ihn herausholen, bevor das Tier aufwacht!"

Der Wärter machte einen unsicheren Schritt vorwärts, dann aber blieb er stehen und antwortete ebenso leise:

„Ich darf jetzt nicht hineingehen, ich habe Angst, und das ist gefährlich. Sie riechen es. Für sie ist, wer Angst hat, schuldig."

Es war die aus der Vergangenheit herstammende, wieder aufgebrochene Angst, dieses Geschwür einer nicht beglichenen Schuld. Es war Schuld, die Tiere wußten das. Sie hatten es schon damals gewußt, und neue Schuld hatte sich daraus entwickelt: die Zerstörung von Mona Belindas Leben.

„Nein, jetzt nicht", murmelte er. „Nicht noch einmal ... Jesus Christus!" setzte er plötzlich fast unhörbar hinzu.

Denn der Tiger hatte den Kopf gehoben und schaute zu den beiden Männern herüber. Seine Augen glommen mattgrün im ersten Abenddämmern. Dann wendete er den Kopf nach der ruhenden Gestalt, schnupperte lautlos und fuhr dem Jungen mit seiner langen, feuchten roten Zunge liebkosend über das Gesicht. Der hob schlaftrunken die Hand, bekam das Maul des zärtlich weiterleckenden Tigers zu fassen und schob es, belästigt, zur Seite, dann erst öffnete er blinzelnd die Augen. Er war noch befangen vom Schlaf.

Der Wärter machte eine Handbewegung. „Josef!" rief er leise.

Jetzt hob der Junge den Kopf und richtete sich auf, plötzlich hellwach geworden, erkannte er die beiden vor dem Käfig, stand auf und kam zögernd bis dicht an die Gitterstäbe heran. Mit beiden Händen umklammerte er zwei der Eisenstäbe, in Verzweiflung und Trotz, aber sein abgemagertes, schmutzverkrustetes, greises Kindergesicht hatte einen flehenden Ausdruck. Er schien gesonnen, sich gegen jeden neuen Versuch der feindlichen Großen in diesem Käfig zu verschanzen, denn hier war sein Vater, der

Königstiger, und eine andere, menschlichere Väterlichkeit hatte er noch nie kennengelernt.

Auch der Tiger hatte eine Tatze leicht erhoben, doch war diese Bewegung nicht drohend, die Krallen blieben eingezogen und die gefährliche Pranke zur spielerischen Pfote eingerollt. Sehr still und träge wachsam sah er die beiden Männer an, dann begann er beruhigt seine Pfote zu belecken, gähnte einmal kurz und ließ sich wieder zur Seite fallen, um weiterzuschlafen.

Der Wärter atmete so langsam und lange aus, als hätte er die ganze Zeit über den Atem angehalten.

„Komm heraus, Josef", sagte er. „Du darfst bei mir bleiben. Du mußt nicht mehr ins Waisenhaus zurück."

Blitzschnell ließ der Kleine die Stäbe los und trabte zur Käfigtür. Er vergaß auch nicht, sorgsam hinter sich abzuschließen, wie er es von seinem Freund und Mentor gelernt hatte. Auf den lief er vertrauensvoll zu und übergab ihm den Schlüsselbund.

„Wirklich?" fragte er atemlos. „Ganz bestimmt?"

„Ja", sagte der Wärter. „Solange du willst."